L'AFFAIRE BERNONVILLE
LE QUÉBEC FACE À PÉTAIN ET À LA COLLABORATION
(1948-1951)
d'Yves Lavertu
est le cinq cent trente et unième ouvrage
publié chez
VLB ÉDITEUR
et le trente-sixième de la collection
«Études québécoises».

L'AFFAIRE BERNONVILLE

Yves Lavertu

L'affaire Bernonville

Le Québec face à Pétain et à la collaboration (1948-1951)

vlb éditeur

VLB ÉDITEUR
Une division du groupe Ville-Marie Littérature
1010, rue de la Gauchetière Est
Montréal, Québec
H2L 2N5
Tél.: (514) 523-1182
Télécopieur: (514) 282-7530

Maquette de la couverture: Eric L'Archevêque

Illustration de la couverture: Pierre-Paul Pariseau
Portrait de Pétain d'après une photographie tirée de la page couverture de *La Droite*, 15 avril 1941.

Mise en pages: Édiscript enr.

DISTRIBUTEURS EXCLUSIFS:

- Pour le Québec, le Canada et les États-Unis:
  LES MESSAGERIES ADP*
  955, rue Amherst, Montréal, Québec H2L 3K4
  Tél.: (514) 523-1182
  Télécopieur: (514) 939-0406
  * Filiale de Sogides ltée

- Pour la Belgique et le Luxembourg:
  PRESSES DE BELGIQUE S.A.
  Boulevard de l'Europe, 117, B-1301 Wavre
  Tél.: (10) 41-59-66
  (10) 41-78-50
  Télécopieur: (10) 41-20-24

- Pour la Suisse:
  TRANSAT S.A.
  Route des Jeunes, 4 Ter,
  C.P. 125, 1211 Genève 26
  Tél.: (41-22) 342-77-40
  Télécopieur: (41-22) 343-46-46

- Pour la France et les autres pays:
  INTER FORUM
  Immeuble ORSUD, 3-5, avenue Galliéni, 94251, Gentilly Cédex
  Tél.: (1) 47.40.66.07
  Télécopieur: (1) 47.40.63.66
  Commandes: Tél.: (16) 38.32.71.00
  Télécopieur: (16) 38.32.71.28
  Télex: 780372

Dépôt légal: 3e trimestre 1994
Bibliothèque nationale du Québec
ISBN 2-89005-597-3

Préface

Ayant eu, de 1951 à 1956 surtout, une situation privilégiée au Québec, due pour une bonne part au fait que la représentation officielle française s'y trouvait alors d'une totale déficience, j'ai approché la quasi-totalité des membres de l'intelligentsia locale, certains devenant même mes amis intimes. Je peux donc témoigner de leur opinion au sujet de Pétain et de la collaboration, tout au moins de ce qu'ils en laissaient paraître devant moi.

M'envoyant au Canada en juin 1951, le commissaire général au Tourisme, grand résistant, m'a dit: «Vous allez tomber dans les remous de l'affaire Bernonville. Ne vous croyez pas tenu à une réserve diplomatique. Vous direz franchement votre opinion.» De toute façon c'est ce que j'aurais fait.

Je me suis voulu ici témoin de la France. J'ai d'abord témoigné du drame récent de l'Occupation allemande, du régime de Vichy, de la Résistance. Devant des auditeurs en majorité pétainistes, j'ai dit et répété que le régime de Vichy représentait une des grandes hontes de l'histoire de France, que l'honneur du pays, puis son salut, se trouvaient sans partage du côté de Charles de Gaulle et de la Résistance. Je dois dire que mes interlocuteurs ont très rarement essayé de défendre Pétain devant moi.

Mon opinion d'ensemble est qu'une forte majorité des dirigeants et des intellectuels du Québec d'alors avait appuyé le régime de Vichy et conservait pour lui une certaine admiration. D'autres avaient su par contre prendre parti pour de Gaulle et la Résistance.

«Le monde sera sauvé par quelques-uns»; mot profond d'André Gide. Avouons qu'en France aussi la majorité se regroupait derrière le Maréchal, tout au moins dans la France non occupée. Bernanos a pu écrire, évoquant le premier carré des Français libres ralliés à de Gaulle: «Nous avons été quelques-uns, dans des circonstances désespérées, à marcher à l'honneur comme on marche au canon.» Le retournement majoritaire s'opéra en France à compter de 1942. Moins concerné, moins informé, le Québec ne connut guère un tel retournement. J'ai constaté dans les années cinquante la persistance de l'idéologie vichyste. Celle-ci se maintint donc après la libération de la France, et après la fin de la guerre. Elle fut alimentée en 1944-1945 par les excès commis en France au nom de l'épuration. Il faut reconnaître que ces excès furent nombreux et graves; il faut comprendre aussi que la colère légitime du peuple était difficile à canaliser. Ces excès ont été habilement exploités par les pétainistes canadiens.

Devant mes accusations incessantes contre Vichy et le Maréchal, liées à mon plaidoyer constant à de Gaulle et la Résistance, très rares ont été ceux qui ont voulu m'opposer un démenti. La réponse la plus courante lorsque j'évoquais les turpitudes du régime de Vichy fut: «Nous ne savions pas.» J'ajoutais alors: «Ce n'est pas une excuse; il fallait savoir.»

J'entreprends maintenant de classer en trois catégories mes amis et connaissances en face de mes positions. Un premier lot est constitué de ceux qui ne m'ont jamais apporté de contradictions, même si leur position avait été, était peut-être encore, l'inverse de la mienne. Cela prouve qu'ils en avaient mauvaise conscience. Je suis persuadé que certains d'entre eux avaient quand même changé d'opinion. Parmi ceux-ci je rangerais Roger Duhamel et Doris Lussier.

Dans une seconde catégorie, je trouve ceux qui ont voulu devant moi défendre Vichy; par exemple René Chaloult;

également Camillien Houde, que j'ai reçu à plusieurs reprises ou que j'allais voir dans son bureau de la mairie. Comme je lui disais très fermement ce qu'il fallait penser des valeurs respectives de de Gaulle et de Pétain, il me fit un jour cette réponse normande: «Peut-être bien...»

La troisième catégorie est plus intéressante. Il s'agit de ceux qui, séduits par Vichy pendant la guerre, ont par la suite changé d'opinion. J'ai l'orgueil de croire que je fus pour quelque chose dans ce retournement. Invoquant une panoplie d'arguments, parmi lesquels mon expérience personnelle, je ne cessais de dénoncer devant eux l'équivoque du Maréchal. Derrière sa belle apparence, il y eut la réalité de la collaboration, sa honte et ses crimes. J'ajoutais que l'opposition des nationalistes québécois à la conscription, voulant se justifier comme une saine réaction à l'emprise anglaise, m'apparaissait non seulement comme une erreur, mais aussi comme une lâcheté. On refusait de s'engager dans une cause d'une éclatante justice. À l'endroit de la France, dont on ne cesse de se réclamer, il s'agissait d'une trahison.

J'ai beaucoup pratiqué André Laurendeau. Jean-Marc Léger me l'avait fait rencontrer dès mon arrivée, précisant que j'avais une mission à accomplir auprès de lui. Il avait déjà évolué dans son appréciation de Vichy, sans cacher qu'il avait été lui aussi pétainiste. Je crois l'avoir pleinement convaincu de la honte de ce régime. Par contre, je pense ne l'avoir que tout juste ébranlé dans l'affaire de la conscription.

Jean-Marc Léger revenait de France, déjà marqué par ce qu'il avait vu et entendu. Je pense l'avoir rallié pleinement à l'idéal de la Résistance et à l'admiration envers de Gaulle. Dès lors, toute son activité de journaliste et d'animateur a été orientée dans le bon sens. Aucun Québécois ne fut plus gaulliste que lui. Aussi trouvé-je regrettable de monter en épingle son erreur passagère de jeunesse, qui n'alla d'ailleurs pas plus loin que trois lettres offrant à Bernonville ses éventuels services. Quand Jean-Marc Léger sut la vérité, il se trouva définitivement du bon bord. Avant, pendant et après la visite historique du grand Charles au Québec en 1967, Jean-Marc Léger fut l'un de ses plus constants et valeureux défenseurs.

Appuis religieux de Bernonville

Que le traître Bernonville ainsi que beaucoup d'autres personnes compromises avec Vichy et les Allemands (l'étroite parenté des deux est évidente) aient trouvé refuge et aide auprès des communautés religieuses, cela apparaît certain. L'affaire Touvier, entre autres, l'a montré. La même complicité (car en de pareils cas l'aide se nomme complicité) s'est retrouvée dans le Québec d'après-guerre, aggravée par l'état clérical de la société.

De cela, cependant, il serait injuste et faux que l'on tirât argument antireligieux. Distinguons d'abord aide et refuge. Si l'aide est condamnable, le refuge correspond tout simplement à une tradition multicentenaire de l'esprit monastique. On se doit d'accueillir celui qui cherche refuge, sans qu'il soit nécessaire de savoir qui il est ni ce qu'il a fait. Le même accueil est réservé aux hommes, quelle que soit leur appartenance politique. Les circonstances d'après-guerre ont fait que ce refuge a été recherché surtout par les anciens collaborateurs ou les traîtres. Se présentant issus de l'«autre bord», ils eussent été pareillement accueillis.

Par contre, s'il y a aide véritable, cela devient condamnable. Il y eut plus d'un cas dans la France de l'immédiat après-guerre; beaucoup plus dans le Québec d'alors. Cela se comprend si l'on songe que l'Église québécoise était beaucoup plus soucieuse de défendre ses privilèges cléricaux que d'œuvrer pour la foi chrétienne.

Pour juger le clergé français, il faut rappeler les innombrables exemples de refuge accordé aux résistants; et non seulement refuge, mais encore très souvent aide active. Dans ce cas-là, peut-être sommes-nous partisans, mais je crois sincèrement qu'il faut se féliciter de cette aide. Non, ce ne fut pas injuste, il s'agissait d'un combat pour l'honneur et la liberté. Du côté de Vichy, il s'agissait pour le mieux de faiblesse, pour le pire, très fréquemment, de trahison.

Ce qu'il y eut de particulièrement grave dans le régime de Pétain, c'est l'équivoque qu'il fit régner entre la défense des valeurs traditionnelles et la soumission aux lois odieuses du nazisme. Ainsi furent égarées des personnes en grand nombre; au Québec comme en France.

Une bien triste collusion ne peut être niée entre Vichy d'une part et d'autre part une fraction notable de la bourgeoisie française et de l'Église catholique. En celle-ci, le haut clergé fut vraiment atteint. Par contre, il faut dire — et ceci est trop souvent passé sous silence, par ignorance ou délibérément, dans les jugements sur les réactions françaises au cours de l'Occupation — qu'en face des évêques-bénisseurs-de-Maréchal se dressa un clergé qui participa plus que toute autre classe de la société aux luttes de la Résistance. Les statistiques sont là pour prouver que les prêtres victimes des Allemands (déportés, fusillés) furent dix fois plus nombreux que dans la moyenne de la population. Parmi des milliers d'exemples, j'en citerai deux: le général de Bénouville, parachuté en France avant le débarquement, trouva refuge dans un couvent où la mère supérieure avait caché l'ordre de mission du général de Gaulle sous une statue de la Sainte Vierge. C'est au parloir d'un couvent de Pont l'Abbé, en Bretagne, que je pus prendre contact en 1941 avec le Réseau de renseignements de la France libre, que je devais par la suite diriger.*

Méfions-nous des jugements manichéens, comme celui de situer la Résistance entière à gauche, dans les classes populaires, et la collaboration à droite dans la bourgeoisie et le clergé. La vérité est infiniment plus complexe en France, comme en Allemagne d'ailleurs. En ce pays, n'oublions pas le

---

** Consonance curieuse. D'un côté, l'aristocratie traîtresse, Bernonville; de l'autre, l'aristocratie héroïque, Bénouville. Il y eut incomparablement plus de cas dans la lignée de Bénouville que dans celle de Bernonville.*

ralliement populaire à Hitler (c'est à juste titre qu'il appelait son mouvement national-socialisme) tandis que la Résistance se trouva principalement chez les aristocrates et les militaires. En France, souvenons-nous que ce fut la Chambre du «Front populaire» qui donna les pleins pouvoirs à Pétain, à une écrasante majorité; pensons aussi que la première Résistance et les ralliements du début à de Gaulle se situèrent principalement dans la haute bourgeoisie et l'aristocratie nationalistes, classes de droite. Le premier entourage du général de Gaulle en fait assez foi.

Très vite cependant se manifesta un assez large appui populaire, sans lequel aucun mouvement n'a de chance de s'implanter, appui surtout en France occupée. Puis, après l'entrée en guerre de la Russie soviétique, les communistes mobilisèrent une fraction notable du peuple et la Résistance se colora de rouge. De Gaulle quant à lui entendit demeurer au-dessus des partis. Il incarnait la France dans son ensemble. Jamais ne vit-on, je le pense, un homme incarner à tel point un pays entier. C'est la raison pour laquelle les Québécois l'ont accueilli plus tard avec une si extraordinaire ferveur. Beaucoup d'entre eux se méfient des Français — avec de bonnes raisons souvent, reconnaissons-le —, mais avec de Gaulle ils n'avaient pas en face d'eux un Français, ils avaient la France.

*ANDRÉ MALAVOY**
juin 1994

---

* *André Malavoy figure parmi la poignée de Français ayant répondu immédiatement à l'appel du général de Gaulle le 18 juin 1940. Arrivé au Québec à l'été de 1951, il devient l'ami personnel d'André Laurendeau. Il a été président de l'Association des Français libres de Montréal de 1959 à 1992.*

Avant-propos*

«[...] il est terrible de penser que l'histoire sera écrite uniquement par nos adversaires[1]» se disaient l'un à l'autre en 1968 deux nouveaux septuagénaires. L'un, Jacques de Bernonville, homme d'action, et l'autre, Robert Rumilly, idéologue, ne concevaient l'histoire de leur lutte qu'en termes bipolaires. Ce récit ne veut pas s'inscrire sur cet échiquier manichéen, ni sur aucun autre, d'hier ou d'aujourd'hui. La prétention donne le vertige, mais c'est le pari de ce livre.

À l'origine de celui-ci, deux filons se sont rejoints pour lui donner naissance. Le lit du premier est fait d'un intérêt soutenu, depuis près de dix ans, pour l'étude du régime de Vichy. L'écho du vivat du général de Gaulle à Montréal en 1967 et la fascination pour une période où chaque individu est livré à ses choix ont sans doute constitué le carburant de cet engouement.

---

* Note concernant les abréviations:

Fonds Robert Rumilly, Archives nationales du Québec à Montréal, boîte 14: RR; ANQ; 14.
Fonds Louis Saint-Laurent, Archives nationales du Canada à Ottawa: LST; ANC.
Fonds Bernonville, Archives nationales du Canada à Ottawa: DB; ANC.
Dossier Bernonville, Archives du Congrès juif canadien à Montréal: DB; ACJC.

1. Lettre de Jacques de Bernonville (Rio de Janeiro, Brésil) à Robert Rumilly, le 7 février 1968 (RR; ANQ; 12).

Quant au deuxième ruisseau, il prend sa genèse dans la découverte accidentelle, en décembre 1993, d'une source fort éclairante sur les rapports tissés entre le Québec et le pétainisme. Tombant par hasard sur les papiers Rumilly aux Archives nationales du Québec à Montréal, j'ai constaté l'importance de ces documents pour comprendre un phénomène et également une affaire peu reconnus dans la mémoire québécoise.

Le chroniqueur-historien Rumilly avait accumulé un amoncellement de lettres, télégrammes, coupures de presse, soit en vue de les ressusciter lui-même un jour pour en donner un récit, soit en légation posthume pour d'autres historiens[2]. En tout cas, l'explication de l'affaire Bernonville trouvait, sur ce terrain, une assise solide mais non exclusive. La découverte, en effet, a plutôt servi de point de départ pour une enquête devant s'étendre à d'autres sources, moins abondantes mais donnant un sens plus profond à la première.

Tout au long de ce trajet, la préoccupation majeure aura été de porter un regard historiographique sans complaisance sur cet épisode. Peu de personnes, le lecteur le constatera, ont été interviewées. Il s'agit là d'un choix méthodologique discutable, mais il s'est révélé le seul pouvant me mener le plus loin dans mon désir de lucidité. Les aléas de l'histoire immédiate dans un contexte politique québécois en pleine effervescence m'ont

2. Le regard porté récemment sur cet épisode, à partir des papiers Rumilly, a déclenché une intéressante remise en cause dans la façon d'envisager le passé immédiat. Lire à ce sujet les textes suivants: Gonzalo Arriaga et Jean-François Nadeau, «Maréchal, nous voilà!», *Le Devoir*, 20 mai 1994; Bernard Plante, «Filière québécoise pour criminels de guerre», *Le Devoir*, 20 mai 1994; Stéphane Baillargeon, «Duplessis, nous voilà!», *Le Devoir*, 21 mai 1994; Jean-Marc Léger, «Un scoop manqué», *Le Devoir*, 26 mai 1994; Lise Bissonnette, «Envisager le passé», *Le Devoir*, 27 mai 1994; Gonzalo Arriaga et Jean-François Nadeau, «La raison et les passions», *Le Devoir*, 3 juin 1994; Béatrice Richard et Francis Simard, «Blessures de guerre», *Le Devoir*, 9 juin 1994.

incité à adopter ce plan. En revanche, les écrits trouvés sont ici restitués dans leur globalité sans égard et parfois à l'encontre de ce que j'aurais aimé publier.

Ma démarche aura principalement consisté à décrire de manière somme toute très conventionnelle un événement ou plutôt une série d'événements se rattachant à une affaire ayant défrayé les manchettes de la presse pendant plus de trois années. Comme ouvrage d'histoire, ce récit semble plutôt éloigné de l'École des Annales, courant auquel je m'étais identifié au moment de mes études. Le lecteur ne retrouvera donc pas l'analyse d'une lame de fond, pas même d'une vague, peut-être tout au plus la description d'une écume.

J'aurai fait le saut, pour ce travail, dans la microhistoire ou du moins aurai-je tenté de m'en rapprocher. Scruter à ras le sol certains faits et gestes convenait bien, il faut le dire, à mon métier de journaliste. L'approche visait à reconstituer l'éventail des possibilités se présentant à un individu, à un moment donné de son histoire. Dans cette optique, plusieurs noms sont cités.

Toutefois, cet essai de microhistoire n'a de sens que si l'on rattache ces personnes aux communautés ayant été concernées par l'affaire Bernonville. De la multitude des interventions individuelles naît ou se dessine à nouveau le contexte à l'origine du déroulement de cette affaire et de ses nombreux rebondissements. L'affaire Bernonville peut alors être interprétée comme un microcosme de tout un pan de l'histoire politique récente du Québec.

J'aurai bénéficié, pour l'angle d'approche de cette recherche, de nombreux ouvrages d'historiens qui ont renouvelé, depuis quelques décennies, le discours sur Vichy. Je leur en sais gré. Une bibliographie de certains de leurs travaux se trouve à la fin de ce livre.

La monographie sur les rapports entre Pétain et le Québec n'aura cependant pas lieu avec ce petit livre. Tout au plus, l'ouvrage y esquisse ici certains contours. Il faut souhaiter voir bientôt des historiens s'attaquer à la tâche et combler ce manque dans l'historiographie québécoise.

L'objectif plus limité de ce récit consistait à regrouper l'essentiel des faits liés à cette histoire. Mais, et il faut tout de suite l'admettre, tous n'y sont pas et loin de là. D'autres faits, d'autres noms viendront s'ajouter grâce aux travaux de chercheurs déjà effectués, en cours ou à venir. Quant aux propositions d'interprétation émises dans ce livre, elles seront, et c'est souhaitable, confrontées à de nouvelles à éclore au cours des prochaines années.

En terminant, il me reste à espérer une réception de ce livre vu non pas comme une charge ayant pour but la polémique, mais comme un essai d'explication, si dérangeant puisse-t-il être, sur le plan historiographique.

Enfin et même si le terme peut paraître équivoque, je remercie sincèrement de leur collaboration les personnes suivantes: le groupe d'anciens combattants des Forces françaises libres à Montréal, Jacques Charpentier, Roland Haumont et André Malavoy. Ils m'ont apporté leur indispensable expérience du terrain aussi bien pour le passé de Jacques de Bernonville que pour les sympathies québécoises envers Pétain, avant et durant la période étudiée. Roland Haumont et André Malavoy ont par ailleurs eu la gentillesse de relire le manuscrit.

Mes remerciements vont aussi à Sol Littman du centre Simon-Wiesenthal sur les criminels de guerre à Toronto. Sa grande connaissance de l'affaire Bernonville et des interprétations possibles à donner à cet événement m'ont conforté tout au long de ce parcours. Je remercie également Lise Bissonnette, directrice du quotidien *Le Devoir*, pour avoir bien voulu me faire part de ses premiers commentaires à la lecture du manuscrit. La même chose s'applique pour Jean-François Nadeau. Étudiant au doctorat en sciences politiques à l'Université de Montréal, cet habitué des lectures de thèse a lu le texte, peu avant qu'il aille sous presse, et m'a communiqué ses observations.

Il me faut souligner également la contribution essentielle d'Adrienne Courcy, de Roland Plourde et de Raymond-Marie Gagnon pour reconstituer l'épisode de la vie de Jacques de Bernonville à Saint-Pacôme, dans le Bas-Saint-Laurent.

Tout au long de cette recherche, j'ai bénéficié d'un soutien, sans attente de retour, du personnel des Archives nationales du Québec à Montréal, de celui des Archives nationales du Canada à Ottawa, du Congrès juif canadien à Montréal et de celui de la Bibliothèque nationale du Québec à Montréal. Qu'ils en soient tous sincèrement remerciés.

En choisissant de publier ce livre dans la collection «Études québécoises», Jacques Lanctôt et Robert Comeau ont pris le risque de voir récupérer pareille histoire à des fins partisanes. Une telle démarche est certes tout à l'honneur d'une maison d'édition comme VLB.

Plusieurs personnes ont refait la correction du manuscrit. Parmi celles-ci, je dois remercier le comité de lecture de Weedon ainsi que Corinne Haumont. Je dois faire de même avec les personnes qui m'ont appuyé en marge de la recherche proprement dite. Christiane Samuel, Luc Dupont et de nombreux autres m'ont stimulé par leurs encouragements et leurs discussions. Bien que je ne mentionne pas ici leur nom, je leur en suis tous très reconnaissant.

Je dois beaucoup à toutes les personnes nommées ci-haut mais pas au point de leur devoir également les erreurs de faits, de dates ou d'interprétation qui se seront peut-être glissées dans ce livre. Celles-ci sont de mon unique responsabilité.

YVES LAVERTU
juin 1994

CHAPITRE PREMIER

Le traqueur pourchassé

Le Survenant de Saint-Pacôme

Tous les soirs après le travail, Jacques Benoit se rend au bureau de poste de Saint-Pacôme. Sous son unique bras encore valide, le commis de bureau porte l'habituel courrier à expédier. Puis, cette dernière besogne accomplie, l'homme au visage balafré regagne sa chambre à l'hôtel Bon Accueil.

Un œil exercé peut saisir au passage la démarche un brin militaire de cet étranger plutôt méfiant lorsqu'on lui adresse la parole. Si cette occasion se présente, son front découvert se renfrogne alors et offre un visage soudainement crispé. Bien sûr, sa surdité partielle explique ce sourcillement, mais on sent rapidement poindre chez lui autre chose, comme une espèce de volonté de vivre reclus.

Jacques Benoit est arrivé à Saint-Pacôme de Kamouraska en plein hiver, seul, habillé dans ce qu'on appelait en 1947 les étoffes du pays. À l'époque, le petit village situé tout près de La Pocatière mais à quelques kilomètres en retrait du fleuve Saint-Laurent est plutôt prospère avec ses 3000 habitants. Là, un tout jeune virtuose au seuil de l'adolescence, du nom d'André Gagnon, compose déjà des pièces au piano.

Ici comme ailleurs, les inconnus font jaser. Pourtant, sur ce Français à l'accent pointu, l'on n'ose pas trop poser de questions. Il est vrai qu'il s'agit du protégé du seigneur de la place, Alfred Plourde qui, avec ses deux frères, s'est porté acquéreur, quelques années auparavant, d'une scierie de la Power Lumber Company à Saint-Pacôme. Et, quand vont les sciottes et godendards, tout va.

La forêt, cette grande nourricière, on la voit d'ailleurs partout, jusqu'aux Alleghanys et même dans la rivière qui serpente le village, la Ouelle. Au printemps, les billots élagués par les bûcherons au cours de l'hiver sont culbutés dans l'eau et conduits ainsi à la scierie.

Jacques Benoit, pourtant grand et costaud, ne travaille pas aux chantiers. Son bras paralysé et son instruction l'ont désigné pour un travail de bureau chez Plourde et Frères. Et puis, Alfred Plourde entend bien le ménager en le traitant avec les égards d'un homme important. L'homme d'affaires tient de son ami l'avocat Noël Dorion des renseignements confidentiels sur le véritable passé de Benoit. Tout juste avant les fêtes, Dorion lui a demandé de trouver une place pour le Français dans son entreprise. Benoit, bien que fugitif, confie l'avocat, n'est nul autre que le bras droit du grand Pétain.

La vie coule donc douce et tranquille pour l'immigrant aux manières distantes. Celui-ci est fin prêt maintenant à recevoir sa famille laissée en France. En février et mars 1947 débarquent successivement à Saint-Pacôme la femme de Benoit, Isabelle, et trois de leurs filles, Catherine, Josianne et Chantal. Les adolescentes passent leur premier hiver canadien à faire du ski sur les pentes des alentours et découvrent un pain ayant pour elles la saveur du gâteau.

Les Benoit logent durant un temps chez les dames Dionne, et puis à un autre moment à l'hôtel Bon

Accueil. À cet endroit affluent des lettres de France. L'une de celles-ci révélera à une jeune femme venue faire le ménage la véritable identité de la famille. Elle n'en laissera rien paraître, mais dorénavant, pour elle, les Benoit seront aussi les Bernonville.

Un valeureux militaire

Jacques Dugé de Bernonville est né à Auteuil, près de Paris, en 1897. Issu d'une famille aisée et d'ascendance aristocratique[1], le jeune garçon est rapidement trempé dans un catholicisme enveloppant. Les Jésuites l'entourent et il gardera de cette période l'habitude de ne jamais manquer la messe du matin.

La Première Guerre mondiale lui fournit l'occasion de faire la preuve d'un réel courage physique et on le nommera rapidement lieutenant chez les Chasseurs alpins. Reconnu pour sa bravoure, il sortira du conflit bardé de décorations dont la croix de guerre. Il poursuivra par la suite une brillante carrière militaire en combattant notamment en Syrie au moment de l'insurrection druze. On lui décernera la Légion d'honneur[2].

C'est au cours de cette période que se forment ses opinions politiques. En 1926, le comte Dugé de Bernon-

1. Le père de Bernonville était ingénieur hydrographe de la Marine nationale et sortait de Polytechnique.

2. La reconstitution des faits entourant le passé de Jacques de Bernonville jusqu'en 1946 est le fruit d'un recoupement entre quatre sources principales: 1) les entretiens réalisés au printemps de 1994 avec Roland Haumont, ancien combattant des Forces françaises libres établi à Montréal depuis 1950; 2) l'indispensable volume de Jacques Delperrié de Bayac, *Histoire de la Milice (1918-1945)*, Paris, Fayard, 1969; 3) l'article fort complet de McKenzie Porter paru dans le magazine *Maclean's* de Toronto le 15 novembre 1951; 4) «L'exposé des faits», cour de justice de Toulouse, 22 janvier 1949 (LST; ANC).

ville est militant au sein de l'Action française de Charles Maurras. Dans ce milieu effervescent de l'après-guerre, il fraternise et entre en contact avec tous ceux qui prônent le retour à la monarchie et à un régime autoritaire. Il sera d'ailleurs arrêté cette même année pour menées royalistes.

De retour à la vie civile au début des années trente, Bernonville pousse encore plus loin son engagement dans les mouvements d'extrême droite. Il piaffe d'en découdre avec les communistes. En janvier 1938, on le trouve impliqué dans le complot visant à renverser la République par la force. C'est le complot de la Cagoule[3]. À nouveau, il est incarcéré, mais on le relâchera quelques mois plus tard, faute de preuves suffisantes.

Au déclenchement de la Deuxième Guerre mondiale, Bernonville est mobilisé une seconde fois pour commander les Chasseurs alpins. Mais l'effondrement rapide de la France, au printemps de 1940, et surtout l'arrivée au pouvoir de Pétain le conduisent sur une toute nouvelle trajectoire. Somme toute, il s'agira d'une pente plutôt naturelle, compte tenu de ses opinions politiques. Dès les premiers jours suivant l'arrêt de mort de la Troisième République et de la partition du pays en deux secteurs, il se met au service du nouveau régime de Vichy, gérant de la zone non occupée par les Allemands.

On le retrouve, au début, attaché aux organisations d'encadrement de la jeunesse. Puis, avec un ancien camarade de l'Action française, Abel Bonnard, il voit à la mise en place de la Légion française des combattants, vivier et premier jalon d'organisations de plus en plus compromises avec les Allemands.

3. La Cagoule, de son vrai nom Comité secret d'action révolutionnaire ou CSAR.

Le 18 octobre 1941, le comte de Bernonville, sa femme et leurs quatre enfants s'embarquent à Marseille pour l'Afrique du Nord. Leur destination est le Maroc où l'ancien officier doit exercer ses nouvelles fonctions de chargé d'affaires aux questions juives. Bernonville relève du Commissariat aux questions juives constitué afin de mettre en application, en métropole et dans les territoires, la récente législation antisémite. Parmi ces lois votées par Vichy figure le Statut des Juifs d'octobre 1940, premier pas consacrant leur exclusion de la vie sociale, politique et économique de la France[4].

Après un bref retour en métropole où il rencontre, au cours de l'été de 1942, son nouveau patron, Louis Darquier de Pellepoix[5], Bernonville repart pour le Maroc où, parallèlement à ses activités visant l'éviction sociale des Juifs, il fonde avec d'autres la Légion du Service d'ordre légionnaire (SOL). Cet organisme se compromettra en livrant des informations qui aboutiront en bout de ligne sur la table des Allemands.

Puis, à l'automne de cette même année, trois semaines avant le débarquement des Anglo-Américains en Afrique du Nord, Bernonville et sa famille quittent le Maroc à destination de Paris. Là, au 12 place Malesherbes, Bernonville établit ses quartiers en vue d'organiser la Phalange africaine. Foncièrement anticommuniste, le nouveau mouvement recrute des volontaires français décidés à combattre les Anglais en Afrique du Nord[6].

4. Les lois antisémites de Vichy furent promulguées en octobre 1940, avant même que les Allemands ne les réclament.

5. L. Darquier de Pellepoix, antisémite virulent, est le successeur de Xavier Vallat au CGQJ.

6. «La Phalange africaine est le maigre résultat d'une agitation conjointe des milieux collaborationnistes parisiens et de Vichy, à l'été 1942, alors que Pierre Laval, inspiré par Jacques Benoist-Méchin, tente de redonner un certain souffle à la collaboration militaire.» (Henry Rousso, *La collaboration*, Paris, MA Éditions, p. 144.)

Bernonville en est à Paris le secrétaire général. C'est à compter de ce moment que débutent ses premiers contacts avec des responsables du SD, les services de sécurité allemands. Bernonville obtiendra, somme toute, de piètres résultats avec la Phalange africaine. La création de la Milice, le 31 janvier 1943, arrivera pour lui à un moment fort opportun. À partir de cette date, plus aucun doute; Bernonville a franchi la frontière entre la collaboration d'État, pratiquée par le gouvernement de Vichy, pour endosser maintenant une collaboration idéologique avec les nazis. Il est devenu collaborationniste.

Un Cajun comme directeur d'école

Cautionnée par le régime de Vichy, la Milice de Joseph Darnand, un camarade de la Cagoule, se veut un grand mouvement de rénovation nationale regroupant les extrémistes de la collaboration. Catholique, monarchiste et antibolchevique, Bernonville y voit tout simplement un prolongement de ses engagements au sein de la droite maurrassienne. Il y entre de plain-pied et n'y va pas seul. L'accompagnent de nombreux notables, réactionnaires et nationalistes cultivant souvent même une hostilité sourde à l'égard de l'Allemagne. Et puis d'autres comme lui qui portent la particule y adhèrent; les de Bourmont, de Vaugelas, de La Rochefoucauld, de la Noüe du Vair.

Ce dernier, à l'hiver de 1943, est promu directeur de l'école des cadres de la Milice à Saint-Martin d'Uriage[7]. Bernonville, à titre de directeur des études, agit comme l'un de ses lieutenants. L'atmosphère et la vie au château d'Uriage durant cette époque ont été très

7. Après l'armistice, le château d'Uriage, première version, avait été le siège d'une école de cadres d'esprit maréchaliste.

bien décrites par Jacques Delperrié de Bayac, auteur d'un unique et fondamental ouvrage sur la Milice[8].

Du Vair tout d'abord, personnage féodal, est un Acadien de nationalité américaine ayant pris le premier bateau pour défendre la France au moment du déclenchement des hostilités. Son grand-père, bien installé en Amérique, en avait fait autant en 1870 et son père devait témoigner de la même fidélité lors de la guerre de 1914-1918.

Il y a dans ce Cajun, royaliste et spécialiste du thomisme, un amoureux inconditionnel de la France. L'une des marottes de ce catholique mystique concerne le Canada. Il aime à dire qu'un jour, ce pays reviendra à nouveau à la France. La raison en est toute simple: les Canadiens français font plus d'enfants que les Anglais.

Il y a également dans ce nostalgique un conspirateur. Au cours de l'été de 1943, du Vair entraîne Bernonville et d'autres disciples dans une tentative de coup d'État afin de renverser Vichy et de restaurer la monarchie. Éventé, le projet de putsch se terminera dans une scène médiévale où Darnand fait le siège d'un château aux portes bien barricadées. Le chef de la Milice aura finalement raison de Du Vair. Celui-ci sera mis au ban de la société milicienne.

Quant à lui, Bernonville échappera assez bien aux foudres de Darnand. Le comte, à la suite de son chef, prêtera même serment à Hitler à l'automne de 1943. Il figure, à partir de cette date, sur le régime de paie du 9e Brandebourg, unité des Waffen SS[9]. Son numéro de compte est le 605[10].

8. Jacques Delperrié de Bayac, ouvr. cité.

9. Le centre d'entraînement du 9e Brandebourg se trouvait à Paderborn en Hanovre.

10. Voir la reproduction photographiée des fiches allemandes à ce sujet dans *Maclean's*, 15 novembre 1951. Ce fait s'avéra très important lors de l'épopée canadienne de Bernonville.

Aux Glières et au Vercors

Le plein pardon de Darnand accordé à Bernonville viendra avec l'attaque du plateau des Glières. Au début de 1944, de partout, les forces de la répression roulent vers Annecy en Haute-Savoie. Parmi elles se trouve Bernonville qui a reçu ordre de commander un contingent de miliciens. Ceux-ci sont dorénavant armés et regroupés sous la bannière de la deuxième unité de la Franc-Garde. Joseph Darnand est maintenant membre à part entière du gouvernement de Vichy et s'occupe des opérations de Maintien de l'Ordre[11].

Quelques mois auparavant, le préfet de la place a donné l'alerte en signalant une concentration importante de maquisards dans la région. Parmi les membres de l'administration vichyste des environs, on retrouve le médecin-chef de l'hôpital d'Annecy, Georges Montel. Ce dernier aura plus tard et en d'autres lieux l'occasion de faire connaissance avec Bernonville.

L'arrivée des forces de Vichy oblige les membres de la Résistance, en attente de parachutages, à adopter une nouvelle stratégie. Le colonel Romans-Petit désigne Tom Morel pour cette mission qui consiste à se rendre, avec un détachement, sur le plateau des Glières à quelque 1500 mètres d'altitude où ils doivent vivre en attendant les parachutages[12].

Le maréchal Pétain et Pierre Laval veulent une répression avec doigté. Mais pour l'instant, les forces de police et celles de la Milice ne peuvent, au mieux, qu'encercler les 465 hommes retranchés.

Bernonville à son poste s'active tout de même. Un de ses hommes, Claude Maubourguet, livrera, quelques

11. Darnand avait été nommé secrétaire d'État au Maintien de l'Ordre et avait donc rang de ministre.
12. Voir J. L. Crémieux-Brilhac, «La bataille des Glières et la guerre psychologique», *Revue d'histoire de la Deuxième Guerre mondiale*, nº 99, juillet 1975.

semaines plus tard, à l'hebdomadaire collaborationniste *Je suis partout* un témoignage de sa participation à la répression aux côtés de Bernonville. Ce dernier représente, selon lui, l'un des plus beaux soldats de la révolution en cours.

> Inlassablement, il conduit des patrouilles, visite ses postes, fait des reconnaissances. Il est présent partout, se précipite d'un bout à l'autre de son secteur, avec sa vieille guimbarde [...]. Et sa silhouette haute et mince, et son blouson blanc timbré de l'insigne de son bataillon de chasseurs sont devenus populaires dans la région.
>
> Quand j'entre dans la pièce, il est penché sur la carte d'état-major. Il l'étudie un moment. Puis il donne l'alerte: des éléments ennemis tenteraient de s'infiltrer dans notre dispositif. À l'instant même de mon arrivée, il y a déjà une perspective de combat[13].

À ses troupes qui traquent les résistants Bernonville répète souvent cette même parole: «Visez juste, mais tirez sans haine, car ce sont nos frères[14].»

Les forces du Maintien de l'Ordre étant tenues en échec, les Allemands décident d'intervenir vigoureusement. Darnand réussit à obtenir une participation de certaines de ses unités à l'assaut planifié pour le 26 mars. Ce dimanche-là, trois bataillons allemands avec 400 hommes de la police allemande et des SS, ainsi que des unités de la Milice commandées par de Bourmont et Dagostini, disloquent la Résistance. Quelques jours auparavant, leur chef, Tom Morel, avait trouvé la mort. Les 465 maquisards auront tenu huit semaines.

À nouveau, les forces de la Milice vont jouer un rôle en prenant en souricière les maquisards qui tentent de s'échapper. Bernonville, tout comme les autres commandants, ordonne à ses miliciens la chasse aux résis-

13. *Je suis partout*, 7 avril 1944.
14. *Ibid.*

tants. De ces hommes traqués et pris au piège, 180 sont capturés. Pétain et Laval recommandent une certaine modération dans la répression, mais ceux soupçonnés d'être communistes seront torturés et mis à mort. Philippe Henriot à Radio-Paris clame la victoire et pourfend à nouveau les terroristes.

La Résistance aux Glières anéantie, le commandant de Bernonville poursuit son action répressive dans le Vercors. Au début d'avril 1944, il arrive suivi d'un convoi de camions transportant des miliciens à Chapelle-en-Vercors, un petit village près de Grenoble. Sous ses ordres et ceux de Dagostini vont opérer 500 francs-gardes ainsi que des policiers et des gardes mobiles. Le 16 avril, un maquis de 90 hommes armés est attaqué vers 16 heures par un détachement de 250 miliciens et membres du Groupe mobile de réserve (GMR). Les combats durent toute la nuit et, au matin, Dugé de Bernonville prend en main les opérations de nettoyage.

Pendant plus d'une semaine, il sévit avec une extrême rigueur contre la population des villages d'alentour. Bernonville et son adjoint Dagostini font incendier des fermes et des maisons. Ils procèdent à de nombreuses arrestations qui conduisent à l'exécution de trois membres de la Résistance qui ont, au préalable, été torturés. Ces trois hommes sont le pharmacien André Doucin, le fermier Jean-Paul Mially et le postier Casimir Gabriel Ezingeard.

L'action de Bernonville dans le Vercors se termine alors. Il ne sera déjà plus là quand les Allemands, prenant encore une fois le relais, fondront en planeurs en juillet 1944 sur les 3500 maquisards pour les massacrer et les disperser[15].

15. Le père jésuite de Montcheuil y sera fusillé avec le personnel de l'hôpital du Vercors installé dans une grotte.

Tortures en Saône-et-Loire

Au printemps de 1944, la terreur milicienne bat son plein. Truands et notables se tiennent maintenant côte à côte dans leur lutte contre le communisme. Miliciens et nazis sont aussi, et jusqu'à la fin, côte à côte dans un combat qui fait de chacune des deux parties un allié objectif pour l'autre. Contre les communistes, contre les Juifs, contre les démocrates, la communauté de haine avec les nazis allemands est totale, fait valoir Delperrié de Bayac.

Dans ce contexte, la lutte contre la Résistance ne peut que s'amplifier et ressemble de plus en plus à une guerre civile. Pétain, bien qu'il condamnera plus tard les excès de la Milice, va dans le même sens en affirmant, le 28 avril, que les groupes de résistance compromettent l'avenir du pays. Exactions, tortures, jugements sommaires caractérisent la naissance de cet État milicien.

Au tout début de mai 1944, Jacques de Bernonville a hérité des fonctions de directeur au Maintien de l'Ordre en Bourgogne. Dans les faits, l'ordre à maintenir passe essentiellement par la traque aux résistants. La région située au centre du pays se révèle particulièrement stratégique pour les Allemands. Il faut, à tout prix, maintenir cet espace ouvert afin d'être en mesure, le cas échéant, d'évacuer vers l'Allemagne les milliers de soldats affectés dans le sud et sud-ouest de la France. Au moment où sévit Bernonville en Bourgogne, Guy d'Artois, membre canadien de la Résistance, parachuté en avril 1944, installe un complexe réseau téléphonique pour la région. Tous les appels effectués par les Allemands sont maintenant interceptés par la Résistance.

Entre le 14 mai et le 25 juin 1944, Bernonville fait procéder à l'arrestation de 50 personnes dans l'un des départements de la Bourgogne, la Saône-et-Loire.

Sept sont livrées à la Gestapo tandis que 38 hommes et 5 femmes sont incarcérés en vertu de bulletins d'écrou signés de la main de Dugé de Bernonville. Ce dernier a fait installer son quartier général, composé d'un état-major milicien, à Chalon-sur-Saône. On y emmène parfois les détenus attachés au pare-chocs de la voiture. L'ancien officier y dirige fréquemment les interrogatoires comme celui, fait en juin, du garagiste Maurice Nedey sur qui brûlures et coups de toutes sortes se répètent à la chaîne.

Le 28 juin 1944, le secrétaire d'État à l'Information et à la Propagande de Vichy, Philippe Henriot, est abattu à Paris par un commando de résistants. Les représailles commencent. Pendant que les hommes de Paul Touvier font la chasse aux Juifs dans les alentours de Lyon, à Mâcon, un peu plus au nord, les miliciens assassinent sept personnes soupçonnées d'entretenir des contacts avec la Résistance. Devant l'indignation de la population, le préfet de Saône-et-Loire, Jean-Louis Thoumas, se rend aussitôt chez Bernonville, fraîchement nommé intendant au Maintien de l'Ordre pour la région de Lyon. Thoumas exige des sanctions contre les miliciens afin de calmer la fureur populaire. Il obtient alors de Bernonville l'arrestation du chef Clavier, responsable départemental de la Milice pour la Saône-et-Loire.

Lyon, où sévit Klaus Barbie, constituera pour Bernonville la dernière étape française de l'exercice de ses fonctions. Depuis le 6 juin, le débarquement allié en Normandie annonce la fin imminente de l'Occupation. La Milice, fidèle jusqu'au bout à Vichy, reste la seule force organisée du régime. Le 8 juillet, le *Journal officiel* de l'État français publie les citations à l'ordre de la Nation de trois chefs miliciens. De Bernonville est l'un d'eux.

> Le Gouvernement cite à l'ordre de la Nation: M. de Bernonville, chef de corps de la franc-garde permanente de la milice française, pour les motifs suivants: chef milicien particulièrement énergique. A fait preuve dans les nombreuses opérations du Maintien de l'Ordre auxquelles il a participé, en Haute Savoie, dans le Vercors et en Saône-et-Loire, d'un courage calme et réfléchi qui lui avait déjà valu pendant les deux dernières guerres les plus élogieuses citations. S'est particulièrement distingué en Saône-et-Loire où, se trouvant isolé avec de faibles forces, il est parvenu grâce à son énergie à contenir des éléments rebelles très supérieurs en nombre et à rester maître de la situation[16].

Un peu plus d'un mois après ce dernier épisode, soit autour du 20 août, Bernonville quitte définitivement Lyon pour l'Allemagne en compagnie de hauts officiers nazis. Il se rend à Paderborn, quartier général du 9e Brandebourg[17]. Là, il suit un stage afin d'effectuer une mission de sabotage derrière les lignes alliées. Le militaire français est en effet chargé de retourner en France afin de faire sauter un pipeline d'essence alimentant l'armée américaine et la 1re Armée française.

Comme prévu, à l'automne de 1944, Bernonville et trois jeunes miliciens sont parachutés près de Melun[18]. Arrivés au sol, cependant, ils se rendent rapidement compte de l'impossibilité de leur mission. Dès le premier jour, ils abandonnent et troquent leurs habits de camouflage pour des vêtements de civil.

---

16. J. Delperrié de Bayac, ouvr. cité, p. 518. Le même texte sera reproduit au cours de l'affaire Bernonville par *The Herald*, le 27 avril 1949.
17. Selon Roland Haumont, Bernonville se rendit en Allemagne dans le convoi automobile qui évacuait la SD de Paris, commandée par le général SS Oberg. En Allemagne, il rejoignit le 9e Brandebourg à Paderborn. Bernonville n'aurait donc rien à voir avec les débris de Vichy, rassemblés autour de Pétain à Sigmaringen.
18. En toile de fond de ce parachutage: l'attaque de Von Rundstedt dans les Ardennes à la fin de 1944.

D'un monastère à l'autre

Tout comme Paul Touvier, Jacques de Bernonville aura largement bénéficié, au moment de la libération de la France, du soutien de membres du clergé catholique. Au départ, celui-ci va errer, fuyant une épuration qui ne manquerait pas de s'abattre sur lui si des résistants le dépistaient. En janvier 1945, à Valence, un mandat de poursuite est d'ailleurs formellement émis contre Bernonville pour motif de trahison. En tout cas, dès avril 1945, sa présence est signalée dans un monastère.

L'ancien chef de la Franc-Garde a, en effet, trouvé refuge dans un couvent de Haute-Savoie. Un ordre religieux de Passy l'a recueilli et le cache. La communauté l'aidera par la suite à transiter vers un autre monastère sis cette fois dans les Pyrénées, à Bétharram[19]. Ce lieu de pèlerinage, situé entre Lourdes et la frontière espagnole, constitue probablement sa dernière cache française. Puis, comme beaucoup d'autres, il gagne l'Espagne de Franco.

On perd sa trace par la suite pour le retrouver, en novembre 1946, à New York[20]. Jacques de Bernonville y

19. Bernonville révélera plus tard l'endroit, sans le vouloir, lors d'une conférence à l'Université de Montréal. Il dira avoir assisté à l'ordination de 50 prêtres. Cela devait permettre aux services de renseignements français d'établir qu'il faisait allusion au monastère de Bétharram.

20. Deux versions sont possibles quant au lieu de départ de Jacques de Bernonville vers l'Amérique. Un mémorandum du ministère de l'Immigration daté du 29 mars 1950 (DB; ANC) prend acte de la déposition de Bernonville. Celui-ci aurait indiqué s'être embarqué sur le SS *Île de France* depuis le port de Cherbourg sur la côte normande le 13 novembre 1946. Les recherches effectuées sous la direction de Michel Pichard et rapportées en entrevue par Roland Haumont laissent plutôt croire qu'il serait parti d'Espagne. À défaut d'informations supplémentaires, cette seconde version sera retenue. Il est peu probable, estime Roland Haumont, qu'en 1946, Bernonville soit allé, ne serait-ce que de Bétharram à Cherbourg avec tous les aléas que cela comportait pour lui, sans oublier le contrôle serré lors de l'embarquement.

est déguisé en prêtre et se nomme désormais Jacques Benoit. Le 26 novembre 1946, après un court séjour dans la métropole américaine et après avoir écrit à des amis canadiens, Benoit quitte New York sur un train de la compagnie Delaware & Hudson et arrive au Canada en passant par Lacolle. Muni de ses faux papiers et habillé en curé, il se présente aux autorités de l'Immigration en qualité de touriste.

Une fois cette étape franchie, il détruit son faux passeport et se précipite à Québec où il loge chez le restaurateur bien connu Joseph Kerhulu. Il y rencontre alors ses correspondants et, peu de temps après, se met au travail comme commis à la Commission des liqueurs de la capitale québécoise. Il occupe cet emploi jusqu'à la fin de décembre 1946. On a trouvé pour lui un nouveau boulot à Saint-Pacôme-de-Kamouraska et son hôte est l'homme d'affaires et organisateur local Alfred Plourde. Ce dernier, également maire de Mont-Carmel, l'accueille chez lui pour une fin de semaine en ce début d'année 1947. Toute la nuit de son arrivée, se souvient son fils Roland Plourde, son père et Benoit ont parlé politique et particulièrement du grand Pétain interné depuis plus d'un an dans l'île d'Yeu[21]. Jacques Benoit a tôt fait de se rendre compte que, de ce bord-ci de l'Atlantique, des hommes influents comme Plourde s'avèrent être des pétainistes inconditionnels. Ici, Joseph Darnand, son chef et camarade exécuté en octobre 1945, ne signifie rien pour le public. Il en va tout autrement de Pétain.

21. Entretien avec Roland Plourde. Au cours de son séjour canadien, Benoit-Bernonville a probablement été hébergé par d'autres familles dans quelque ville ou village du Québec.

CHAPITRE II

Le Québec de Pétain

Le Québec salue l'arrivée de Pétain

Dans ses mémoires sur la crise de la conscription de 1942, le rédacteur en chef du *Devoir*, André Laurendeau, s'attache, vingt ans plus tard, à mesurer la force du sentiment pétainiste au Québec durant la guerre. Celui-ci admet l'admiration éprouvée par le Canada français à l'endroit de Pétain. Pour le confirmer, il convoque à la barre des témoins le grand chef nationaliste Henri Bourassa. Pétain fut, déclara un jour Bourassa, «plus grand à Vichy qu'à Verdun[1]».

Laurendeau explique en partie cette attitude parce que le maréchal Pétain «avait fait ce qui nous était interdit: sortir son pays de la guerre[2]». Et puis, de dire le rédacteur en chef, le vainqueur de Verdun représentait alors le meilleur négociateur pour signer la reddition. Quelques décennies plus tard, il convient toutefois de chercher une autre explication.

La présence incontestable d'un fort sentiment pétainiste au Québec se signale chez l'élite canadienne-

1. André Laurendeau, *La crise de la conscription, 1942*, Montréal, Les Éditions du Jour, 1962, p. 115.
2. *Ibid.*

française durant et après la guerre. Ce sentiment n'est pas fortuit. Tout d'abord, le régime de Pétain en évoque un autre ayant déjà bonne presse sur les bords du Saint-Laurent. Par son alliance avec l'Église et ses vues corporatistes, l'*Estado novo* du dictateur portugais Salazar plaît à une frange importante des intellectuels canadiens-français. L'élite du Canada français, imprégnée d'un catholicisme qu'on qualifierait aujourd'hui d'intégriste, se reconnaît dans ce projet faisant la part belle à l'Église. Quant à lui, le Maréchal n'a jamais caché son admiration pour l'homme d'État portugais.

Et puis, cette élite, bien que l'on ait construit un mythe autour de l'isolationnisme canadien-français, s'abreuve en France et ailleurs aux courants de pensée les plus conservateurs qui se puissent produire. On s'abonne et on lit régulièrement les grands hebdomadaires littéraires et politiques d'orientation maurrassienne tandis que la presse la moindrement plus à gauche est vue avec beaucoup de suspicion. L'antisémitisme larvé ou ouvert de ces élites s'en trouve ainsi conforté. C'est pourquoi, lorsque Charles Maurras parlera de l'arrivée de Pétain au pouvoir comme d'une «divine surprise», ses paroles seront retransmises dans certains milieux québécois avec un profond respect. Les idéaux réactionnaires de Maurras, il faut bien le dire, avaient déjà essaimé. Outre-Atlantique, on les a digérés à sa façon sans que cela n'entraîne un mimétisme des mouvements français. La pensée diffusée a ainsi été reprise, mêlée au bouillon d'autres courants et finalement adaptée au contexte d'un peuple de langue française vivant en Amérique du Nord.

Enfin, le réflexe canadien-français face à la République française est conditionné par un autre facteur: l'arrivage de Français fuyant ce qu'ils considèrent être les méfaits de ce régime. Parmi ces vagues de gens gorgés d'amertume, les prêtres, déjà bien vus au Canada français, figurent en bonne position. Les premiers contingents partent à l'époque de la Révolution française. D'autres suivront. On en comptera encore au début du siècle au moment où le père Combes fait adopter ses lois flétrissant, selon eux, les privilèges du clergé de France.

Comme partout, il n'existe cependant pas de monolithisme absolu, même dans ce Québec fortement catholique. L'historien Dale Thomson, dans son livre sur les liens entre le Québec et le général de Gaulle[3], a illustré le clivage dans l'opinion publique entre les Canadiens anglais, dès le début de la guerre plutôt sympathiques à de Gaulle, et les Canadiens français se rangeant davantage du côté de Pétain.

Au sein même de la population canadienne-française, les divergences transpirent face à la mort de la Troisième République et à l'arrivée au pouvoir de Pétain. La presse dite nationaliste et celle liée à l'épiscopat ou au clergé en général accueillent avec beaucoup d'espoir la venue du Maréchal. Il faut se tourner du côté d'un petit quotidien libéral, *Le Jour*, dirigé par Jean-Charles Harvey, pour lire des articles où notamment l'on qualifie Pétain de «sénile». Au bout du compte, affirme Thomson, toute cette question de Vichy contre de Gaulle n'intéresse que la presse et l'élite. Le public en général demeure indifférent.

Dans l'ensemble donc, la presse canadienne-française s'est empressée de voir en Pétain le sauveur de la Vieille France, celle qu'au Québec l'on n'avait jamais cessé d'encenser et de... mythifier. Ainsi dès juillet 1940, *La Patrie* écrit à propos de la chute de la République: «Pourquoi pleurer un régime [qui] confondit liberté avec licence[4]?»

---

3. Dale C. Thomson, *De Gaulle et le Québec*, Saint-Laurent, Éditions du Trécarré, 1990, chap. III.
4. Mason Wade, *Les Canadiens français de 1760 à nos jours*, Ottawa, Cercle du livre de France, 1963, t. II, p. 363.

La presse nationaliste et catholique se fait l'écho du credo se mettant progressivement en place en France afin de justifier le régime réactionnaire de Vichy. *Le Devoir* ressort ainsi un poème écrit par Albert Lozeau plusieurs années auparavant mais qui, étrangement, se trouve à aller dans le sens du message construit par les propagandistes vichystes. Ces derniers, depuis le début de l'été 1940, parlent de la défaite comme d'une épreuve nécessaire pour la purification. Voici le poème de Lozeau:

> Que votre France est belle, amis, quand elle saigne!
> [...]
> Votre France a lavé ses fautes dans son sang!
> Elle est sainte; et son cœur qui bat éblouissant
> Est pareil à celui de Jeanne la Pucelle!

Deux jours plus tard, soit le 29 juin, *Le Devoir* dépeint le Maréchal sous les traits de la figure la plus noble qui soit. Le quotidien chapeaute certains de ses articles sur le régime par des titres élogieux tels que «Pétain veut refranciser son pays», ou encore «Pétain commence l'œuvre de résurrection nationale[5]». Toujours dans ce journal, le 13 juillet, Omer Héroux note que les jours sombres traversés par la France fournissent l'occasion de se jeter «vers les routes du salut».

La petite portion de la population canadienne-française s'intéressant à Vichy, notamment le bas clergé, est également éblouie par un régime dont la devise — *Travail-Famille-Patrie* — annonce le retour de l'enseignement de la religion dans les écoles de l'État. Toutefois, un quotidien, *L'Action catholique*, branché sur l'épiscopat de la capitale québécoise, applaudira les réformes de Pétain, mais des consignes venues de haut l'empêcheront de fustiger de Gaulle.

5. *Le Devoir*, 12 juillet 1940.

Somme toute, le Québec a salué de plein gré et avec bonheur l'accession de Pétain au pouvoir, non parce que ce dernier représentait la solution du moindre mal dans les circonstances engendrées par la guerre, mais plutôt parce qu'il symbolisait l'archétype d'un régime souhaité ici par une partie des élites. C'est sans doute cela qui fait dire avec justesse à l'historien Marc Ferro qu'au Québec le pétainisme s'est pratiqué sans occupant[6].

Le Devoir et la lutte contre l'anti-France

Il faut revenir un instant aux mémoires d'André Laurendeau, cités plus haut, qui affirme, en 1962, que les Québécois en général ne savaient pas dans quelles conditions s'exerçait le pouvoir à Vichy et qu'ils ignoraient tout du sort des Français et des Juifs. Les Canadiens français restaient, poursuit-il, incrédules face aux informations disponibles considérées comme de la propagande britannique.

Laurendeau, ayant lui-même sympathisé avec les idées pétainistes pendant un certain nombre d'années[7], reconnaît que certains de ses amis écoutaient la radio de Paris ou celle de Vichy. Le directeur du quotidien *Le Devoir*, Georges Pelletier, figurait certainement parmi ceux-ci.

6. Marc Ferro, *Pétain*, Paris, Fayard, 1987, p. 687.

7. Entretien avec André Malavoy, résistant de la première heure établi à Montréal en 1951. André Malavoy a bien connu André Laurendeau. À la suite de sa participation à l'émission *Pays et merveilles*, animée par Laurendeau, on lui demanda de rédiger ses souvenirs de guerre. Le livre, intitulé *La mort attendra*, a été publié aux Éditions de l'Homme à Montréal en 1961. L'ancien résistant pense par ailleurs avoir contribué à «liquider» les dernières convictions pétainistes de Laurendeau à partir du début des années cinquante. (Notons que l'expression du pétainisme québécois se traduit

Le Canada français constituait alors un point de cible non négligeable dans la guerre psychologique sur ondes courtes. Après la chute de la France, raconte Mason Wade, Radio-Paris dirigea sur le Québec une émission dont l'indicatif musical était l'air d'*Alouette*. L'émission présentait la France de Pétain sous ses meilleurs jours et cherchait à justifier la politique de collaboration de Vichy. Elle fut sans doute peu écoutée, car rares étaient ceux qui, à l'époque, possédaient un récepteur à ondes courtes.

Georges Pelletier, le directeur du *Devoir*, écoute quant à lui assidûment les allocutions du Maréchal. Pelletier s'insurge d'ailleurs de ne pas voir repris par Radio-Canada les messages de Pétain captés à la radio française alors que la radio d'État transmet même sur disque «la propagande du groupe de Gaulle[8]».

En fait, certains membres de l'élite canadienne-française, particulièrement ceux issus de l'élite nationaliste, non seulement accueilleront Pétain comme le régénérateur d'une France corrompue, mais encore suivront avec intérêt et justifieront au besoin le démantèlement des principes républicains amorcé par Vichy. Dans tous les cas, tous seront informés des événements en cours.

---

généralement par le biais de «sympathies» envers la personne du Maréchal, et par extension de certaines des idées mises de l'avant par son régime.)

Voici à ce propos un extrait du témoignage d'André Malavoy à l'occasion du colloque organisé sur André Laurendeau: «La France de Vichy avait joui d'un grand prestige chez les Québécois. Laurendeau lui-même hésitait à la rejeter sans appel, mais il convint qu'il ne pouvait en avoir qu'une idée abstraite, donc insuffisante, alors que ma condamnation passionnée se trouvait étayée par tout ce que j'avais pu souffrir dans ma chair et dans mon sang. Il alla jusqu'à me remercier d'avoir su, sur ce sujet, lui ouvrir les yeux. Oui, il s'enrichissait des autres en même temps qu'il les enrichissait.» (Robert Comeau et Lucille Beaudry [dir.], *André Laurendeau, un intellectuel d'ici*, Presses de l'Université du Québec, 1990, p. 16.)

8. Georges Pelletier, dans *Le Devoir*, 14 août 1940.

Frisca — on ignore qui se cache derrière ce pseudonyme — écrit dans *Le Devoir* du 20 juillet 1940:

> Jusqu'où ira le gouvernement Pétain sur le chemin des réformes heureuses? On ne le sait pas encore, mais tous les catholiques amis de la France se réjouissent des actes de rénovation qu'il a posés…

L'auteur poursuit plus loin:

> On ne laisse pas un pays s'intoxiquer librement de doctrines subversives à longueur d'années, de siècles même, sans que des calamités de toutes sortes le conduisent finalement à la ruine, non seulement morale mais matérielle.

Dans son histoire des Juifs sous l'Occupation, André Kaspi[9] expose le contenu des lois de Vichy ayant précédé le premier Statut des Juifs d'octobre 1940. Celles-ci reflètent bien la priorité du nouveau régime; la lutte à l'anti-France, celle qui est responsable de la défaite. Dans cette foulée, deux lois adoptées en juillet 1940 ouvrent le chemin. S'attaquant particulièrement à la révision des naturalisations, elles ne visent toutefois pas exclusivement les Juifs, mais aussi d'autres membres de la société jugés corps étrangers.

Le directeur du *Devoir* voit dans le virage entrepris par Vichy une leçon à tirer pour le Québec. Selon lui, ce tournant s'avérait nécessaire à cause de la trahison durant l'entre-deux-guerres de tous ceux qui ne se sentaient pas français. Pelletier incite d'ailleurs les Canadiens français à prendre garde que la mainmise des étrangers sur la France n'atteigne également le Québec. Le 10 août 1940, celui-ci écrit:

9. André Kaspi, *Les Juifs pendant l'Occupation*, Paris, Seuil, 1991.

> Observez autour de vous, si vous circulez dans Montréal. Regardez aux portes de telles et telles boutiques, de telles ou telles maisons de petit ou moyen commerce. Voyez comme il faut voir. Et vous verrez ce qu'il faut voir. Des étrangers en grand nombre, de partout, qui ne sont pas d'Amérique, sauf par immigration, qui étaient en Allemagne, en Russie, en Pologne, en Angleterre ou en France, d'où ils nous sont débarqués, des gens de passage, des étrangers.

Pelletier ne parle pas ouvertement des Juifs; il le laisse facilement deviner en traçant le portrait d'un Québec envahi par des individus ni français ni anglais, pas même européens et certainement ni catholiques ni chrétiens. Selon lui, l'expérience de Vichy doit profiter, mais il n'est pas souhaitable pour l'instant d'aller aussi loin. Il y a tout de même lieu d'apporter auparavant ses propres correctifs, poursuit-il:

> Le remède? C'est d'exiger, dès avant «l'indication du patronyme complet sur les devantures des magasins», une immigration rigoureusement contrôlée. La nôtre ne l'a jamais été. Elle l'est moins que jamais ces mois-ci. Des réfugiés nous tombent de partout [...].
>
> Avant de reprendre les naturalisations, qu'on s'avise d'abord d'en faire l'objet d'une nouvelle loi, exigeante et qui comporte dans chaque cas une série de recherches et d'enquêtes sérieuses.

Si ces immigrants qui frappent aux portes du Québec proviennent du même moule que ceux ayant trahi la France, s'ils entendent se servir du Québec plutôt que de l'enrichir, alors il faut agir. Pelletier recommande, dans son article du 10 août:

> Fermons alors la porte, tenons-la bien fermée. Nous avons déjà chez nous trop de cette sorte de parasites, d'où qu'ils viennent, quelles que soient leur langue, leur véritable origine ethnique.

D'autre part, Pelletier informe ses lecteurs des développements en cours à Vichy, telles ces dispositions prises par Pétain afin de mettre hors-la-loi la maçonnerie ou encore les mesures mises en place afin que «les dictateurs du cinéma français, la plupart métèques ou d'origine israélite, ne puissent d'aucune manière rentrer en France[10]». Les protestations ou plutôt les cris de putois lancés contre ces ordonnances dans la presse internationale sont le fait, selon lui, de sympathisants maçonniques, d'anticléricaux de métier et de libres-penseurs affichés.

En octobre 1940, Pelletier rendra immédiatement compte du premier Statut des Juifs les excluant des principales fonctions publiques. Le journaliste, cette fois, ne prend pas ouvertement position. Il qualifie même cette législation d'antisémite. Pourtant, sans l'approuver, ce dernier concède à cet antisémitisme une justification, celle de l'expansion et de l'arrogance de la communauté juive avant la guerre et la présence de Juifs étrangers continuant à faire des affaires alors que la France se tenait au front. Tout cela, conclut-il, explique pourquoi, dans la France de Vichy actuelle, les Juifs n'ont pas bonne presse[11].

Des *Free French* malmenés

Dès son arrivée au Québec en août 1940, la représentante du général de Gaulle, Élisabeth de Miribel, constate la vénération des Canadiens français à l'endroit de Pétain. Elle se rend tout de suite compte de la longue pente à remonter avant de gagner au Général l'estime de cette population. Dans son premier rapport envoyé à

10. Georges Pelletier, dans *Le Devoir*, 15 août 1940.
11. *Ibid.*, 18 octobre 1940.

Londres, elle fait part du sentiment des Canadiens français: «Ils espèrent qu'il [Pétain] arrivera à effacer jusqu'aux dernières traces de la Révolution française et de la République. À leurs yeux, le gouvernement de Vichy est seul légitime[12].» Le Québec, dira Jean Lacouture dans sa biographie du général de Gaulle, ne veut alors connaître de la France que ce qui la rattache à ses rois et à ses prêtres[13]. Élisabeth de Miribel en fait l'amer constat:

> Les Canadiens français ont une admiration sans bornes pour le maréchal Pétain, malgré son entourage, malgré ses erreurs. Ils attribuent à la propagande anglaise les nouvelles concernant l'asservissement de la France par les nazis. Le petit peuple pencherait vers de Gaulle. Mais les hommes en place, lecteurs assidus de Maurras, de *Candide* et *Gringoire*, n'ont jamais toléré la politique intérieure française. Enfin, ils sont plus anti-Britanniques qu'anti-Allemands. Ils s'efforceront d'empêcher que la France Libre soit reconnue au Canada, comme elle l'est déjà aux États-Unis[14].

Si l'appel du 18 juin du général de Gaulle aux Français a été peu entendu, son appel du 1er août aux Canadiens français a été accueilli dans la plus parfaite indifférence. Le porte-parole francophone du gouvernement fédéral à Ottawa s'en trouve même soulagé. «Rien ne serait plus dangereux, dit-il à ses collègues, que la naissance au Québec d'une controverse Pétain-de Gaulle[15].» Le fédéral avait d'ailleurs suffisamment d'ennuis à manœuvrer pour une forme de reconnaissance du régime de Vichy qui fût apaisante pour les Canadiens français tout en n'offusquant pas leurs compatriotes anglophones gaullistes.

12. Dale C. Thomson, ouvr. cité, p. 42.
13. Jean Lacouture, *De Gaulle*, t. III: *Le souverain*, Paris, Seuil, 1986, p. 510.
14. Élisabeth de Miribel, *La liberté souffre violence*, Paris, Plon, 1981, p. 51.
15. Dale C. Thomson, ouvr. cité, p. 41.

Malgré tout, les jalons des premiers comités gaullistes sont posés assez rapidement à Montréal et à Québec. Il s'agit, pour ceux qui s'y engagent (principalement des membres de la colonie française, quoique pas exclusivement), de manifester sa sympathie de façon symbolique, d'amasser des fonds, d'accueillir des aviateurs de la France libre en stage d'entraînement, ou encore de recevoir des soldats blessés venus se faire soigner au Québec.

Cependant, certains membres de la colonie française de Montréal jouent sur les deux tableaux. D'autres entravent carrément le travail des quelques Français libres. Le consul de Vichy à Montréal, un dénommé Coursier, est de ceux-là et mène la vie dure à l'émissaire du général de Gaulle. Un jour, Coursier déclare sans ambages à Élisabeth de Miribel:

> Votre aïeul, le maréchal de Mac-Mahon, doit se retourner dans sa tombe, à la pensée que vous servez chez les judéo-communo-gaullistes[16].

Les accrochages entre pétainistes et gaullistes, au sein de la colonie française, ponctuent la mise sur pied des premiers comités. L'historien Marcel Trudel a ainsi raconté comment, à l'Université Laval de Québec, son professeur de littérature française, Auguste Viatte, Suisse d'origine et gaulliste, a subi les froides manières d'un de ses collègues français, pour sa part rigoureusement fidèle à Pétain.

Viatte nage, bien sûr, à contre-courant de l'opinion publique canadienne-française en s'affichant gaulliste. Pourtant, il n'hésite pas à mettre sur pied avec Marthe Simard, figure importante de la France combattante, un comité de la France libre à Québec. Son action jumelée à celles de quelques autres, écrit Robert Cornevin, portera

16. Élisabeth de Miribel, ouvr. cité, p. 53.

fruit à la longue et réussira à attiser une certaine atmosphère gaulliste à Québec[17]. Montréal restera toutefois le point noir de l'action des gaullistes, les partisans de Vichy y faisant porter leurs efforts.

Lors de sa venue à Québec, Marthe Simard conseille d'ailleurs à Élisabeth de Miribel de ne pas attaquer directement Pétain. L'envoyée du Général tente de se conformer à ce conseil lors d'une conférence à l'Université Laval. Il lui faut cependant tout son sang-froid:

> La première question m'est posée à brûle-pourpoint: «Que pensez-vous des réformes du maréchal Pétain?» Je garde mon calme et me contente de dire: «Tant que la France est coupée en trois: zone interdite, zone occupée, zone prétendument libre, les réformes intérieures ne m'intéressent pas.» Avec placidité, mon interlocuteur, un tout jeune Canadien français, me rétorque: «Mais nous, qui sommes occupés depuis deux cents ans par les Anglais, les réformes nous intéressent!» J'ai préféré ne pas répondre[18].

L'arrivée au Québec, en mars 1941, d'un émissaire prestigieux du général de Gaulle, le commandant Georges Thierry d'Argenlieu[19], ne réussit pas non plus à faire fondre le glacis pétainiste. Fin stratège, de Gaulle avait misé juste en envoyant dans la province très catholique ce militaire membre d'une communauté religieuse française. Reçu avec tous les honneurs par le cardinal Rodrigue Villeneuve, ayant lui-même flirté au départ avec Pétain, Thierry d'Argenlieu provoque le

17. L'attitude de Viatte, de Simard et de leur groupe contribue même, soutient Cornevin, à «faire prédominer à Québec une atmosphère gaulliste contrairement à Montréal et à l'ensemble du Canada français» (Robert Cornevin, «Auguste Viatte, maître et pionnier des littératures de langue française», *Mélanges Auguste Viatte*, Paris, Académie des sciences d'outremer, 1981, p. 11.)
18. Élisabeth de Miribel, ouvr. cité, p. 55.
19. Le capitaine de vaisseau Thierry d'Argenlieu était provincial des Carmes sous le nom de R. P. Louis de la Trinité.

déchaînement dans certains milieux. Le bénédictin Dom Albert Jamet, Français ayant quitté sa patrie voilà plusieurs années, le prend à partie, de religieux à religieux, dans les pages du *Devoir*.

Mais la salve la plus dévastatrice viendra d'une nouvelle revue éditée à Québec par un groupe de Canadiens français, pétainistes inconditionnels. *La Droite*, fondée au tout début de 1941, se veut une revue d'éducation populaire s'affichant corporatiste, nationaliste, catholique et pétainiste. Autour du père Simon Arsenault, professeur de politique économique, gravite une jeune équipe dont font partie notamment Jacques Sauriol et Doris Lussier.

Dans le quatrième numéro, celui d'avril où figure en page couverture le portrait du maréchal Pétain, on traite l'émissaire Thierry d'Argenlieu sans ménagement. Celui-ci devient pour les auteurs un simple marin, voire un commis voyageur des basses œuvres d'un général rebelle. Son patron sera d'ailleurs la véritable cible.

Voici un texte capital pour comprendre le pétainisme québécois. L'auteur, Doris Lussier, écrit:

> Non content de fuir sa patrie au moment suprême où dans un dernier rôle elle lui demandait encore de rester pour panser ses blessures, un général félon, têtu et insoumis, a entrepris sur une terre étrangère une campagne insidieuse pour discréditer de par le monde, et dans tous les milieux français de l'Univers, le seul homme en France qui ait trouvé dans son vieux cœur de soldat assez d'amour et de courage pour pouvoir dire à la face des déserteurs: «Quoi qu'il arrive, je ne quitterai pas le sol de la nation. Je fais don de ma personne à la France pour atténuer ses malheurs.»
>
> Entre de Gaulle, le fuyard qui s'est lâchement débiné à l'heure du danger, et Pétain qui symbolise le patriotisme le plus pur et le plus raisonné qui se puisse concevoir, notre choix est fait[20]...

20. Doris Lussier, dans *La Droite*, Québec, vol. I, n° 4, 15 avril 1941, p. 19-20.

Lussier n'entend pas intenter un procès à de Gaulle, ce serait trop facile selon lui. Il faudrait dire trop de choses. Ce militaire, prétend-il, ne représente certainement pas la vraie France. Depuis le décès de la non regrettée Troisième République, la France réelle s'épanouit à nouveau, grâce à un autre soldat ayant ses quartiers à Vichy.

> [...] la France vraie, celle de saint Louis et de Jeanne d'Arc, celle des corporations et des croisades, a jeté au linge sale sa défroque républicaine et anticléricale et laïque pour retrouver sous l'égide du glorieux Maréchal la figure traditionnelle et chrétienne qu'elle exhibait, rayonnante, au monde avant que les philosophes de l'obscurantisme révolutionnaire de 1789 ne l'aient voilée, salie et défigurée[21]...

Pour Doris Lussier, le vieux monde individualiste agonise alors qu'on assiste à une renaissance corporative appelant à un nouveau Moyen Âge. Depuis 150 ans, le monde s'abreuve, selon lui, à la coupe enchanteresse mais empoisonnée de la Liberté; il ne connaît que chaos, révolutions sanglantes et guerres.

> L'Europe et le monde se meurent de Liberté mal comprise; laissons-les se dépouiller du vieil homme. Préparons-nous plutôt à les voir ressusciter à la lumière de l'Autorité, de cette autorité qui se tient au-dessus et à distance aussi éloignée du libéralisme individualiste que du totalitarisme animal.
>
> À la suite du Portugal de Salazar, de l'Espagne de Franco, et de la France, la douce et chère France de Pétain, l'humanité tout entière renaîtra au soleil de justice et de charité, nimbée de sa couronne de paix, de gloire et d'immortalité[22].

21. *Ibid.*
22. *Ibid.*

Mais le magazine allait connaître une fin abrupte, peut-être en raison des menaces voilées émises par le père Arsenault lorsqu'il se demande si Vichy constitue, dans l'esprit des Alliés, un objectif de guerre à abattre. Il prévient tout de suite: «Pétain est pour nous la France nouvelle, c'est-à-dire la France purgée de ses parasites et de ses vices [...]. C'est cette France-là que les Canadiens français ont eue pour mère et dont ils sont fiers de s'avouer aujourd'hui les fils[23]...» Les Canadiens français ne pensent pas, affirme-t-il, à se dissocier de la guerre à moins que celle-ci se fasse contre ce qu'ils chérissent légitimement, la France de Vichy.

Quelques jours plus tard, la Gendarmerie royale, obéissant aux ordres du fédéral, saisit le magazine et sa parution est suspendue à tout jamais. Un an plus tard, *L'Union*, un journal nationaliste de Montréal, inspiré par Paul Gouin, René Chaloult et Philippe Hamel, reprendra tout de même sous son logo la devise pétainiste *Travail-Famille-Patrie*. Le journal qui prend position contre la conscription cherchera notamment dans ses pages à démasquer une coalition secrète de Juifs contre les Canadiens français.

Les Français libres n'auront donc pas bonne presse pendant la majeure partie de la guerre au Québec. On les taxe à l'occasion de *Free French* afin de bien marquer leur sujétion à l'Angleterre de Winston Churchill. En juillet 1942, un sondage d'opinion révèle que 75 p. 100 des habitants du Québec continuent d'approuver la politique de Pétain[24]. Quatre mois plus tard, Roger Duhamel, dans un article paru dans *Le Devoir*, fustige encore les gaullistes. L'auteur s'en prend aux gaullistes

23. Père Simon Arsenault, *ibid.*, p. 7. (Dans ses mémoires publiés en 1981, Élisabeth de Miribel se souvient des «rubriques infâmes» parues dans *La Droite* au sujet des gaullistes. Voir Élisabeth de Miribel, ouvr. cité, p. 79, et Conrad Black, *Duplessis*, t. I, Montréal, Éditions de l'Homme, 1977, p. 393.)
24. Dale C. Thomson, ouvr. cité, p. 80.

qui sont établis en Amérique et dont les noms, chez un bon nombre, portent trop souvent des assonances sémites[25].

Cette période voit également le refus de la Société Saint-Jean-Baptiste de Montréal d'admettre, lors du défilé du 24 juin, un groupe de Français libres. L'organisme nationaliste s'y oppose, prétextant le manque d'unanimité sur de Gaulle dans la colonie française de Montréal[26].

En observant au ralenti la séquence des événements, on constate la faible importance du réflexe anti-anglais dans l'appui initial des Canadiens français à Pétain. Composante pourtant essentielle du nationalisme conservateur de l'époque, ce sentiment joue en revanche un autre rôle; il sert de munition afin de justifier la campagne de dénigrement amorcée dès les débuts contre de Gaulle. À juste titre, celui-ci est perçu comme l'adversaire poursuivant, à partir de Londres, le combat contre le Maréchal et sa Révolution nationale.

Prêtons-nous un instant au jeu de la politique-fiction et supposons qu'au lieu de Pétain on ait retrouvé à Vichy, à l'été de 1940, le communiste Maurice Thorez. Non seulement, peut-on prétendre, les Canadiens français n'auraient pas soutenu le nouveau régime, mais la campagne contre de Gaulle au Québec n'aurait probablement jamais décollé.

On observe à nouveau en 1942 une réaction anti-anglaise au moment de la crise de la conscription. Toutefois, le sentiment anti-anglais invoqué afin de justifier l'hostilité à de Gaulle et l'exploitation qu'on en a fait lors de l'opposition à la mobilisation générale doivent être étudiés séparément. Certaines passerelles traversent, par contre, les deux comportements.

25. Roger Duhamel, dans *Le Devoir*, 28 novembre 1942.
26. Robert Rumilly, *Histoire de la Société Saint-Jean-Baptiste de Montréal*, Montréal, L'Aurore, p. 519.

D'autres groupes de l'élite canadienne-française accueillent les gaullistes avec enthousiasme. Parmi ceux-ci, on retrouve le directeur du journal libéral *Le Canada*, Edmond Turcotte, Jean-Charles Harvey, René Garneau et Jean-Louis Gagnon. Un brillant journaliste montréalais, Louis Francœur, analyse quotidiennement à la radio et avec beaucoup de doigté les nouvelles parvenant du front et contribue à rallier peu à peu bon nombre de Canadiens français à la cause du général de Gaulle. Le nouveau ministre de la Justice à Ottawa, Louis Saint-Laurent, et d'autres, tel le cardinal Villeneuve, exercent eux aussi une influence en faveur des Alliés. Villeneuve, par exemple, sermonnera vivement l'équipe de *La Droite* et nul doute que la saisie du magazine par les forces policières a provoqué un certain état de choc parmi les intellectuels pétainistes.

Bref, un retournement s'opère. On peut se risquer à le dater de 1942, après le référendum d'avril sur la conscription où Canadiens français et Canadiens anglais se déchirent en deux blocs distincts: l'un contre la mobilisation obligatoire, l'autre pour. Ce retournement, il faut toutefois bien le qualifier et le quantifier. La presse nationaliste et catholique adhère maintenant pleinement aux objectifs de guerre des Alliés et, par conséquent, de la France libre. Celle-ci suit particulièrement les théâtres d'opération où les soldats canadiens-français sont actifs. Il n'en demeure pas moins qu'elle a avalé de Gaulle de force plus que de gré. Secrètement, son cœur bat encore pour Pétain. Le pétainisme québécois sommeille, en veilleuse.

Le 8 février 1943, trois mois après l'occupation de l'ensemble du territoire français par les Allemands, *Le Devoir* titre encore «Le maréchal Pétain reste le symbole mystique de sa nation». La thèse de l'épée de Gaulle et du bouclier Pétain s'enracine et pour longtemps. Alors qu'au même moment en France les appuis à Pétain ont déjà commencé à s'effriter, la brèche dans le fort pétainiste du Québec se trouve, quant à elle, à peine entamée.

À l'image des procès de Moscou

L'accueil fait par des foules imposantes au général de Gaulle lors de son passage au Québec, en juillet 1944, contribue certainement à créer des sympathies pour le personnage. Toutefois, nuancera Jean Lacouture, la réception ne provoquera tout de même pas chez de Gaulle le réflexe d'y faire, à nouveau, le saut l'année suivante alors qu'il se trouvait pourtant à deux pas de là, à Ottawa.

Deux mois après cette visite et trois semaines après la libération de Paris, le journal *Le Bloc*, organe du Bloc populaire canadien, regrette les paroles blessantes proférées par de Gaulle sur Pétain. Le journal, qui a déjà dénoncé l'entrée au pays de «Youpins d'âge militaire», établit une distinction entre les Laval, Darnand et autres ayant «sans doute poussé très loin les sentiments collaborationnistes», et ce vieillard difficilement condamnable[27].

En janvier 1945, au moment du procès de l'écrivain Robert Brasillach, la campagne orchestrée par François Mauriac et d'autres pour obtenir sa grâce résonne jusqu'au Québec. La condamnation de l'ancien rédacteur en chef de *Je suis partout* et symbole de la collaboration intellectuelle suscite l'émoi chez certains dirigeants canadiens-français.

Après les refus d'intellectuels et de députés comme André Laurendeau de se mêler à cette affaire, les organisateurs se tournent vers les associations nationalistes. La Société Saint-Jean-Baptiste de Montréal et la Société nationale des Canadiens français font finalement parvenir

---

27. *Le Bloc*, 9 septembre 1944.

à l'ambassadeur de France à Ottawa une résolution protestant contre la peine de mort infligée aux intellectuels accusés de collaboration. Aussitôt, un autre groupe composé d'écrivains et de journalistes plutôt gaullistes expriment publiquement leur désaccord avec cette intervention. La position prise par les Jean-Charles Harvey, Jean-Louis Gagnon, Guy Jasmin et Roger Lemelin consacre déjà la démarcation promise à se perpétuer dans l'après-guerre entre pro-de Gaulle et pro-Pétain au Québec.

Le procès d'Henri-Philippe Pétain en juillet 1945 provoque un déchirement important dans les liens déjà fragiles entre le Québec et la France du général de Gaulle. Cette même année à Montréal, le professeur de philosophie Louis Rougier livre dans son ouvrage une version des événements de France fortifiant les tenants de la thèse du double jeu pratiqué par le Maréchal.

Reprenant et faisant sienne cette version des faits, le directeur du *Bloc*, Léopold Richer, se porte à la défense de Pétain. «La France a résisté dans la zone libre et dans les colonies. Pétain, Weygand et Darlan ont résisté[28].» Pour admettre cette vérité, il faut, prévient-il, ne pas être aveuglé par les passions politiques.

La condamnation de Pétain divise la presse canadienne-française. *Le Jour* et *Le Canada* ne s'en formalisent pas outre mesure tandis que la presse clérico-nationaliste avec en tête *L'Action catholique* y voit une vengeance de la franc-maçonnerie ou, exprimé autrement, une réédition de l'«assassinat de Louis XVI[29]».

Paul Sauriol écrit dans *Le Devoir* du 15 août 1945 que ce procès «porte un coup redoutable au prestige de la France dans le monde». Ce dernier trace un parallèle entre le jugement et la parodie des procès de Moscou.

28. *Ibid.*, 4 juillet 1945.
29. Jean Lacouture, ouvr. cité, p. 510.

Sauriol est l'un des premiers au Québec à dénoncer ce qui est promis à un bel avenir: la purge révolutionnaire en cours depuis la Libération. Enfin, le chroniqueur classe le procès du Maréchal parmi les taches de l'histoire de France.

L'historien Robert Rumilly pourfend pour sa part dans le journal férocement antisocialiste *Vers demain* les adversaires de Pétain: «De la juiverie à la maçonnerie en passant par l'Intelligence Service, toutes les forces qui s'acharnent contre Franco sont ennemies mortelles du Canada français. Ceux des nôtres qui y prêtent les mains sont des fous ou des traîtres[30].»

Rumilly entretient le projet d'écrire une biographie de Pétain afin de le réhabiliter au Canada. Au cours de l'été de 1946, un de ses bons amis de Québec, Maurice Vincent, en pèlerinage dans l'île d'Yeu où est interné Pétain, entre en contact avec la Maréchale et l'avocat du condamné, Jacques Isorni. Ce dernier se dit prêt à fournir à l'historien du Canada toute la documentation nécessaire pour son travail. Rumilly ne donnera pas suite à son idée. En revanche, les prochains mois lui feront découvrir d'autres moyens d'action sur le terrain. Au bout du compte, ses nouvelles activités convergeront vers les mêmes objectifs.

30. *Vers demain*, 15 août 1945.

CHAPITRE III

Les clandestins

Le dernier des émigrés

Robert Rumilly représente la véritable cheville ouvrière de l'organisation semi-clandestine ayant facilité, à partir du printemps de 1947, l'intégration de certains fuyards français à leur nouvelle vie au Canada. Ceux-ci, pour la plupart des miliciens, des sympathisants de la Milice ou encore de fervents vichystes[1], débarquent au Québec à partir de l'été de 1946. Se dérobant à l'épuration en France où ils se savent condamnés, certains prennent rapidement contact avec lui.

Joseph Rudel-Tessier, un de ses bons amis, écrivait un jour à propos de Rumilly que ce dernier incarnait le type même de l'émigré ayant fui avec la haute noblesse les persécutions de la Révolution française. Le surnommer le «dernier des émigrés» résumait bien ses convictions, sauf que d'autres comme lui allaient suivre.

1. Vichy et la collaboration représentent deux thèmes à étudier avec beaucoup de nuances. On doit également se garder d'assimiler rapidement sous un même terme les notions suivantes: crime contre l'humanité, crime de guerre, collaboration, collaborationnisme et vichysme. Le présent ouvrage parle plus généralement de «collaborateurs» et de «présumés collaborateurs», d'autant plus que ces mots étaient ceux qu'utilisait à l'époque une partie de la presse, particulièrement celle de langue anglaise.

Robert Rumilly naît la même année que Jacques de Bernonville, alias Jacques Benoit, en 1897, à Fort-de-France, en Martinique. Suivant son père, officier de troupes coloniales, il se retrouve par la suite en Indochine. Rumilly devient tôt orphelin et poursuit alors ses études à Paris. La guerre de 1914-1918 le réclame et il se porte volontaire.

Après l'hécatombe, Rumilly adhère, lui aussi, à l'Action française. Avec des camarades étudiants, membres comme lui du groupe de combat royaliste les Camelots du Roi, il défile en rang au pas cadencé dans les rues de Paris. Dans ces cercles, le disciple de Charles Maurras rencontre les futurs routiers de l'extrême droite. Il fait notamment la connaissance du comte Jacques de Bernonville.

En 1928, à l'âge de trente ans, Rumilly, alors commerçant à Paris, quitte la France et arrive au Québec[2]. Dès le contact avec le Canada français, c'est le coup de foudre. Il se moule à ce peuple catholique de langue française, juste assez moderne selon ses vues. L'ancien Camelot du Roi projette sur cette société ses rêves de Vieille France enfin retrouvée.

Bourreau de travail, Rumilly se met à publier des biographies historiques. Puis, il s'attaque à sa grande œuvre, une série d'ouvrages retraçant l'histoire de la province de Québec depuis la Confédération, en 1867. Afin de faciliter sa tâche, il accepte divers emplois comme fonctionnaire fédéral à Ottawa pour être près des dépôts d'archives, riches en sources de première main. Patiemment, Rumilly déblaie un immense terrain historique. Ne prenant jamais de vacances, travaillant sept jours sur sept à un rythme de douze heures par

---

2. À son arrivée au Québec, Rumilly s'occupera notamment des ventes de la gaine Scandale. Ce potin rapporté par Roland Haumont, ancien Français libre ayant suivi de près l'affaire Bernonville, suscitera chez lui l'ironie. «C'est déjà, dira-t-il, par qui "Scandale" arrive...»

jour, Rumilly finit par devenir un historien reconnu. En 1944, il est nommé à la toute nouvelle Académie canadienne-française.

L'homme est un grand monsieur sec aux yeux bridés perdus derrière d'épaisses lunettes. Sa voix grave et son port de tête lui donnent un certain air aristocratique. Prodigue pour ses amis, pouvant même être franchement drôle, il se transforme en une mécanique froide et intransigeante devant ses adversaires.

Car l'historien se double d'un polémiste. Il a ses opinions sur tout. Lors du second conflit mondial, il faillit même rejoindre son ami Camillien Houde dans un camp en raison de son opposition farouche à la conscription. Royaliste et pétainiste durant la guerre, il collectionne les négatifs: anti-franc-maçon, anticommuniste et antisémite. Son ami Rudel-Tessier rapporte des propos tenus après 1945 par Rumilly concernant l'Holocauste, ce dernier se bornant à gronder Hitler, le dictateur, ayant pu simplement se contenter de bouter les Juifs hors d'Allemagne[3].

Rumilly entretient avec l'historien nationaliste l'abbé Lionel Groulx des relations courtoises mais empreintes d'une certaine rivalité professionnelle. De façon beaucoup moins discrète et sur un autre registre que celui établi par le clerc, Rumilly joue lui aussi le rôle de maître à penser pour les tenants de la droite au Québec. Il est sur le point, en 1947, d'inspirer ceux qui sont décidés à soutenir les Français catholiques, fidèles à l'idéal du Maréchal. Ces épurés forment les effectifs les plus susceptibles, selon lui, de s'entendre avec les Canadiens français.

3. Ébauche de biographie de Robert Rumilly par Joseph Rudel-Tessier (RR; ANQ; 10).

«Entre purs, on se donne un coup de main»

Au printemps de 1947, Jacques Benoit obtient de sa compagnie de Saint-Pacôme un transfert à Montréal où il s'occupe des ventes de bois pour l'étranger. Malheureusement, quelques semaines plus tard, il perd son travail. Rumilly intervient alors pour l'aider à se placer ailleurs. L'historien éprouve beaucoup de sympathie pour cette famille vivant en situation illégale et il devient même le parrain de l'une des filles, Chantal. Sa filleule de dix-huit ans recevra de celui-ci une aide financière fort appréciée pour payer ses frais d'inscription à l'université.

Rumilly témoigne de la même sollicitude envers son ancien camarade d'action. En attendant que Benoit se trouve une nouvelle situation, il suggère à Jean Bonnel, industriel d'origine française et pétainiste convaincu, d'orchestrer une cotisation parmi les amis partageant leurs «sentiments». Ce soutien, propose-t-il, viserait par exemple à payer le loyer de la famille.

Rumilly se démène auprès des hommes d'affaires qu'il connaît afin de lui dénicher un emploi. Il se rend vite compte de la nécessité de déborder des cercles activement pétainistes. Après avoir fait le tour des «purs», Rumilly conseille à Benoit d'adopter une nouvelle stratégie et de «parler *business*, plutôt que sentiment[4]».

Jean Bonnel, qui se fait un devoir de protéger, au Québec, les miliciens et vichystes de tout acabit, pilote Benoit dans sa recherche d'emploi. À Rumilly, Bonnel s'explique: «Entre purs, on se donne un coup de main[5]».

Jacques Benoit accepte, en attendant de trouver mieux, des emplois de mécanicien, de graisseur de

4. Lettre de Robert Rumilly à Jacques Benoit (Bernonville), le 20 mai 1947 (RR; ANQ; 14).
5. Lettre de Jean Bonnel à Robert Rumilly, le 23 mai 1947 (RR; ANQ; 14).

camions et de laveur de voitures avant de finalement décrocher un travail dans une entreprise de produits laitiers. Pendant cette période, les Benoit se rendent régulièrement à Québec visiter leur bon ami, le médecin Georges Montel, et sa famille. Montel se trouvait à Annecy au moment de l'Occupation. Maire adjoint nommé par le gouvernement de Vichy, il a fui avant même la fin du conflit, se sachant traqué par les Résistants. Après un long périple, dont une escale en Suisse, il aboutit à Québec à l'Université Laval. Tout un petit monde, en fait, partage les secrets de ces familles et tous sont unis par un même attachement à la personne de Pétain.

À la fin de l'automne de 1947, Benoit entre au service de la Compagnie franco-canadienne de produits laitiers, par l'entremise d'un certain Jacques Fichet. Ce dernier, d'origine française, est établi au Canada depuis près de trente ans et partage avec Bonnel de fortes sympathies pour Vichy.

Son nouvel emploi l'amène à Granby. Là, il rencontre, à la mi-décembre 1947, un individu qu'il aurait préféré ne jamais connaître, un dénommé Jokelson. Jokelson et Bernonville se sont connus au début des années trente à Paris. Tous deux travaillaient alors dans le même immeuble, au même étage, mais pour deux compagnies différentes: Bernonville, pour une société de navigation[6], et Jokelson, pour la maison Dreyfus spécialisée dans le transport maritime. Les deux hommes se croisaient naturellement à l'occasion. Les circonstances amenèrent ces derniers à se perdre rapidement de vue, et ce même tout au long de la guerre.

Jokelson, Français d'origine juive dont les grands-parents ont émigré du Danemark, a, durant la guerre, travaillé dans la Résistance pour le Service des rensei-

6. La SAGA (Société anonyme de gérance et d'armement).

gnements. Sa femme a été arrêtée par la Gestapo et a trouvé la mort dans un camp de déportation. Lui-même a pu échapper de justesse aux Allemands en s'enfuyant par la fenêtre d'un immeuble cerné.

Après la guerre, Jokelson reprend ses activités normales au sein de la Dreyfus et est envoyé au Canada pour y établir une tête de pont afin de ravitailler en certaines denrées la France d'après-guerre. Les produits laitiers figurant dans la liste des approvisionnements requis, Jokelson se rend à Granby et se retrouve soudainement nez à nez avec Bernonville. L'ancien résistant le salue en se référant à sa véritable identité, la seule qu'il connaisse. Pris au dépourvu, Bernonville lui balbutie alors qu'il se dénomme désormais Jacques Benoit.

Il va sans dire que Jokelson voit là matière à s'interroger. Son expérience dans le Service des renseignements va lui servir à retracer une histoire qu'il juge plutôt louche. Il se met aussitôt en contact avec des amis de la Résistance restés en France et aussi avec l'ancien colonel Michel Pichard[7], établi maintenant à Montréal. Au cours de la guerre, Pichard, sous différents noms de code comme Pic, Picolo ou Gauss, avait assumé d'importantes fonctions au sein de la Résistance intérieure. Il était devenu notamment le coordonnateur national du Bloc des opérations aériennes (BOA). Agissant dans la plus parfaite clandestinité, il avait, sous ses ordres, de nombreux chefs chargés d'homologuer les terrains de parachutage du matériel des Alliés.

Entre-temps, se sentant compromis par Jokelson, Bernonville décide de le prendre de vitesse. Vers le milieu de janvier 1948, lui et sa famille se précipitent devant l'officier d'Immigration à Montréal. Là, Bernonville révèle leur véritable identité et demande qu'on les

7. Voir à son sujet Henri Noguères, *Histoire de la Résistance en France*, Paris, Laffont, 1972, t. III, p. 509.

admette comme citoyens canadiens. Aussitôt, ils sont envoyés au conseil d'enquête chargé d'examiner leur demande. La procédure se met alors en marche avec interrogatoire des requérants et examen médical. Doivent venir ensuite la décision d'acceptation ou de rejet et, ultimement, un ordre de déportation, s'il y a lieu.

Les choses prennent une tournure incertaine pour l'ancien chef milicien. Mais entre-temps, un autre que lui, dont le dossier s'annonce encore plus inquiétant, sollicite les énergies de toutes parts. Les hôtes québécois amorcent en effet une dure bataille afin de garder au Canada un de ses compatriotes. Bernonville ne peut s'en offusquer, d'autant plus qu'il s'agit de son bon ami, le Dr Montel.

Un séminaire désigné sanctuaire

Au mois de février 1948, le Dr Georges Montel, attaché à l'Université Laval à Québec, reçoit des autorités canadiennes un ordre d'expulsion du pays. Depuis plusieurs mois, Montel avait fait acheminer une demande par le biais du sénateur Jean-Marie Dessureault afin d'être reçu citoyen canadien. Il avait alors dû décliner sa véritable identité et admettre son entrée illégale au Canada au moyen de faux papiers. Les démarches du sénateur et surtout les résultats se présentent plus que décevants; ils sont catastrophiques. Au lieu d'un visa permanent, un ordre d'expulsion vient de lui être signifié. Le recteur de l'Université Laval, Mgr Ferdinand Vandry, avait attendu la régularisation du dossier de Montel avant de lui offrir une place pleine et entière au sein du corps enseignant de son institution. Les derniers événements remettent tout en question.

Les autorités ecclésiastiques de la capitale se concertent et mettent en branle un plan de campagne afin de sauver Montel. Rien d'éclatant ne doit cependant transpirer de tout cela et le déroulement doit suivre le processus habituel. Seules sont autorisées les démarches discrètes marquées de la plus grande circonspection. Le recteur Vandry et l'archevêque de Québec, Mgr Maurice Roy, prennent la tête du groupe de pression. À ce stade, leur connaissance de l'histoire de Montel englobe l'épisode de sa nomination par le gouvernement de Vichy dans l'administration préfectorale, ses antécédents d'anticommuniste notoire, ses déboires avec la Résistance et enfin sa fuite au Canada[8].

L'objectif de l'épiscopat québécois consiste à infléchir la décision des fonctionnaires de l'Immigration en faisant directement appel aux autorités politiques à Ottawa. Pour les guider, les prélats peuvent compter sur l'appui du député indépendant au Parlement fédéral, Frédéric Dorion, et du sénateur Jean-Marie Dessureault. Rumilly, quant à lui, attend, mais il suit l'affaire de très près aux côtés de ses amis de Québec, le député René Chaloult et le dentiste Philippe Hamel. Mgr Vandry tient au courant le chroniqueur-historien, le rassure et lui confie qu'il «y a tout un plan d'action savamment orchestré qui s'exécute au moment présent sur divers fronts[9]». L'archevêque de Québec, Mgr Maurice Roy, lui fait écho. «Vous pouvez être assuré, déclare le dignitaire, que je ne négligerai rien pour obtenir que le Dr Montel puisse se fixer au Canada[10].»

Parallèlement à cela, Mgr Vandry communique en France avec le cardinal Gerlier afin de l'inviter à faire pression sur le gouvernement de Georges Bidault. À

8. Notes préparées par le comité pour la défense de Georges Montel, non datées (RR; ANQ; 14).

9. Lettre de Mgr Ferdinand Vandry à Robert Rumilly, le 25 février 1948 (RR; ANQ; 14).

10. Lettre de Mgr Maurice Roy à Robert Rumilly, le 28 février 1948 (RR; ANQ; 14).

Québec, on suspecte le gouvernement français de vouloir mettre des bâtons dans les roues de Montel. Vandry déclare à Chaloult qu'il n'hésitera d'ailleurs pas à retourner sa décoration de la Légion d'honneur si les choses s'enveniment. «Je préfère, lui dit-il, mon honneur à la Légion d'honneur[11].»

L'énergie principale des deux évêques est toutefois dirigée vers le porte-parole officiel des Canadiens français dans le gouvernement d'Ottawa, l'ancien avocat de Québec Louis Saint-Laurent. Murmuré à demi-mot, le message ne passe pas et les prélats ne parviennent pas à transmettre l'urgence d'agir.

Rumilly et ses amis s'impatientent alors, d'autant plus que le Dr Montel ne bénéficie plus que de quelques mois avant la mise à exécution de l'ordre d'expulsion. Posté à Ottawa, le fonctionnaire Rumilly prend sur lui de mettre un peu plus de pression en demandant l'intervention d'autres évêques. Il exprime d'abord son inquiétude à un ecclésiastique aux sympathies pétainistes affichées, le bénédictin Dom Albert Jamet. Rumilly lui demande de faire l'impossible afin d'obtenir que de hautes personnalités ecclésiastiques entreprennent des démarches auprès de Saint-Laurent. Dom Jamet, le pourfendeur de l'émissaire du général de Gaulle en 1941, n'a plus la même énergie (il mourra quelques mois plus tard), mais se porte tout de même volontaire. «Je ne crois, lui dit le moine, ni en la générosité ni en la sincérité de Saint-Laurent. Il n'aura pas attendu d'être chef du gouvernement pour trahir toutes les causes des Canadiens français[12].»

Dom Jamet soupèse les forces ecclésiastiques au Québec prêtes à se mettre à l'œuvre pour donner un

11. Lettre de René Chaloult à Robert Rumilly, le 27 février 1948 (RR; ANQ; 14).
12. Lettre de Dom Albert Jamet à Robert Rumilly, le 28 février 1948 (RR; ANQ; 14).

coup de main à Montel. Le bilan dressé laisse présager un engagement tempéré de la part de certains évêques, peu désireux de se compromettre. Ce dernier ne se donne pas battu pour autant: «Je crois moins, lui dit-il, au nombre des interventions qu'à leur qualité[13].» Le bénédictin voit d'ailleurs de l'espoir du côté de l'Université de Montréal. Le doyen de la faculté des lettres, le chanoine Sideleau, ancien camarade de classe de Saint-Laurent, peut, selon lui, contrebalancer le «dossier de calomnies» sur Montel transmis par les autorités françaises.

Jean Houpert, employé de l'Université de Montréal et sympathique à la cause de Montel depuis le tout début, obtient du chanoine Sideleau une promesse d'intervention. Mieux, il vient d'en décrocher une de la part du recteur de l'Université de Montréal, Mgr Olivier Maurault. Dans les jours suivants, le chanoine Sideleau contacte effectivement Saint-Laurent. Le ministre lui répond ne pouvoir se prononcer tant et aussi longtemps que l'ambassadeur Georges Vanier à Paris, à qui on a confié le dossier Montel, ne lui aura pas fait rapport sur les véritables activités du médecin durant l'Occupation.

Le délai s'écoule comme un sablier et l'ordre d'expulsion n'est toujours pas levé. Décidé à conserver à tout prix Montel au sein de son université, Mgr Vandry concocte, au printemps de 1948, un ultime projet: il planifie la fuite de Montel au Séminaire de Québec au cas où les agents de l'Immigration en viendraient à vouloir le déporter de gré ou de force. «On verra bien, déclare-t-il à Montel, si on osera venir vous chercher chez moi[14].» Dans la même foulée, il avertit Georges Bidault à Paris et l'ambassade française à Ottawa que la France provoquerait ici un scandale retentissant si

13. *Ibid.*

14. Lettre de René Chaloult à Robert Rumilly, le 9 avril 1948 (RR; ANQ; 12).

elle persistait dans ses attaques calomnieuses contre Montel.

Le projet de transformation du Séminaire de Québec en sanctuaire ne se concrétisera pas. Le 6 mai, alors qu'il assiste à Ottawa à un récital donné par le chanteur Maurice Chevalier, Rumilly rencontre par hasard un ministre canadien-français siégeant au cabinet à Ottawa. Le fonctionnaire fait part de sa déception face à l'inaction des députés de langue française et reçoit, à sa grande surprise, une réponse plutôt encourageante.

Rumilly comprend dans les propos du ministre Bertrand que les évêques n'ont pas été suffisamment énergiques dans leur requête. Et puis, à Ottawa, on semble souhaiter voir l'archevêque et le recteur se mouiller davantage. En d'autres mots, une caution en bonne et due forme de ces derniers serait la bienvenue afin de servir éventuellement de pièce justificatrice face à Paris. La France n'a pas réclamé l'extradition de Montel, mais a connaissance maintenant de la présence de ce dernier au Canada.

«Qu'ils nous le disent, pour justifier notre décision, déclare le ministre. Nous n'allons pas nous mettre le clergé de Québec à dos. Si Mgr Vandry — et à plus forte raison Mgr Roy — veulent nous faire savoir à Saint-Laurent ou à moi, par écrit ou par téléphone, qu'ils tiennent au visa du Dr Montel, nous le donnerons. Je vous promets d'attendre ce mot, et que l'arrêté d'expulsion ne sera pas exécuté en attendant[15].»

Le ministre tient promesse et, le lendemain, la suspension de l'ordre se confirme. Mais rien n'est définitif pour Montel. Cet arrêt temporaire peut simplement signifier un report de l'échéancier. Ses amis s'interrogent sur la marche à suivre. On mesure le travail accompli et les résultats paraissent en vérité incertains. De

15. Lettre de Robert Rumilly à René Chaloult, le 7 mai 1948 (RR; ANQ; 14).

plus, estime-t-on, d'autres passeront probablement bientôt par les mêmes transes que celles vécues ces derniers mois par le médecin de Québec.

Tels des Juifs errants

La leçon de cette histoire, certains, tel le député autonomiste René Chaloult, l'ont déjà tirée au moment où se trame le projet d'asile au Séminaire de Québec. Chaloult, représentant indépendant de la région de Québec au parlement provincial, s'affiche depuis longtemps comme un héritier de la pensée nationaliste de l'abbé Groulx. Le député a suivi avec attention le déroulement de l'affaire Montel et croit, depuis le printemps, à la nécessité d'alerter la presse et d'intervenir en Chambre à Ottawa et à Québec. Mgr Vandry le retient. Le Dr Montel pense également comme son patron et croit qu'une intervention publique en sa faveur lui ferait plus de tort que de bien.

En prévision d'un changement de tactique, Rumilly et ses amis s'activent afin de recenser les Français ayant fui au Canada afin d'échapper à l'épuration. Outre Jacques de Bernonville et Georges Montel, on en vient à établir la présence à Montréal de quatre autres fugitifs, soit: Julien Labedan, Jean Louis Huc, André Boussat et Michel Seigneur.

Penchant de plus en plus pour une campagne d'opinion publique en leur faveur, Rumilly entre en contact avec certains d'entre eux afin de recueillir toutes les informations pour leur défense au moment propice. Au printemps de 1948, il se lie ainsi avec Julien Labedan. Inquiet, celui-ci attend les résultats de l'enquête en cours afin de déterminer s'il peut rester au Canada. À Rumilly il confie: «Je ne me sens positivement pas le courage de quitter ce pays [...] et à nouveau Juif errant tenter de m'établir dans d'autres pays aussi rebelles à accueillir les épaves de l'Europe que celui-ci[16].»

Julien Labedan se présente comme un proscrit ayant, sous l'Occupation, «essayé d'arrêter le flot odieux du communisme[17]». Milicien ayant participé à des opérations contre la Résistance, il intègre vers la fin de la guerre les forces françaises du général Leclerc mais, à la suite de sa condamnation à mort par contumace en janvier 1945, il se réfugie pour se cacher en Bretagne. Dissimulant sa véritable identité, il parvient finalement à s'échapper de France au moyen de faux papiers et avec l'aide d'une communauté religieuse. Il arrive au Canada le 30 juillet 1946.

L'histoire de Jean Louis Huc ressemble à celle de Labedan. Ancien membre de la Milice, il est condamné à la fin de la guerre à cinq ans de prison. Huc débarque à Sorel, le 14 juin 1946, sous le pseudonyme de Jean Henry, comme chargé de mission du ministère de la Marine marchande. Par la suite, un haut fonctionnaire du ministère québécois des Terres et Forêts, Gustave Piché, l'introduit auprès du sénateur Dessureault afin de l'appuyer dans sa demande de citoyenneté canadienne.

En juin 1948, Julien Labedan et Jean Louis Huc font face à un ordre d'expulsion du pays. Consterné, Rumilly se rend compte du peu de valeur de la filière Dessureault. Mais, pire encore, le 2 juillet, son ami et père de sa filleule, Jacques de Bernonville, lui apprend que si rien n'est fait, il sera déporté du Canada dans exactement deux mois. Ils ont soixante jours tout juste pour quitter le pays.

16. Lettre de Julien Labedan à Robert Rumilly, printemps de 1948 (RR; ANQ; 14).
17. *Ibid.*

L'arrestation de la famille Bernonville

Dès qu'il apprend la nouvelle, Rumilly entreprend à nouveau de vigoureuses démarches à Ottawa. Il entend faire régulariser la situation de l'ensemble des fugitifs français portés à sa connaissance. Dépité de l'apathie des ministres canadiens-français dans ce dossier, l'employé du gouvernement fédéral rompt alors et pour toujours avec la Fonction publique. Le 14 juillet, il présente sa démission à son employeur afin d'être «libre de dire, d'écrire et au besoin de crier ce qu['il] pense[18]».

Fort de ces coudées franches, Rumilly peut s'investir à fond dans l'action politique et en tout premier lieu dans la campagne électorale en cours au Québec. L'été de 1948 le voit ainsi se muer en pamphlétaire au profit du parti cherchant à conserver le pouvoir à Québec, l'Union nationale de Maurice Duplessis. Le 28 juillet, c'est chose faite.

Ayant prévenu, avant son départ d'Ottawa, les ministres qu'ils auraient «une grosse affaire» s'ils ne donnaient pas suite à ses demandes, l'historien suppute toutes les possibilités d'intervention.

Il tient par ailleurs informé de la situation son ami le maire de Montréal, Camillien Houde. Rumilly exerce sur le dirigeant de la métropole un fort ascendant sur le plan intellectuel. Au lendemain de ses quatre années passées dans un camp d'internement, Houde avait cherché à se tenir à l'écart de ce genre de cause. Lors du procès Brasillach en 1945, il avait, par exemple, refusé de se tremper aux côtés de Rumilly pour se porter à la défense du prévenu et des autres dans son cas.

Mais le tribun populiste garde le contact avec Rumilly. À ses côtés, il jongle même un instant avec

18. Lettre de Robert Rumilly à Ernest Bertrand, le 14 juillet 1948 (RR; ANQ; 14).

l'idée de créer un nouveau parti nationaliste voué à la défense des intérêts canadiens-français sur la scène fédérale. Au printemps de 1948, alerté par les problèmes du Dr Montel, il avait parlé de lancer avec le premier ministre Duplessis une campagne immédiate en sa faveur. Les consignes de Mgr Vandry l'en ont empêché.

Et puis, la nouvelle frappe. Le jeudi 2 septembre, la veille du congé de la fête du Travail, Rumilly apprend à Houde la nouvelle à peine croyable. Jacques de Bernonville et sa famille viennent d'être arrêtés le matin même et sont présentement détenus aux bureaux de l'Immigration sur la rue Saint-Antoine à Montréal. Ils seront déportés, affirment les autorités de l'Immigration, d'ici lundi.

L'entrée en scène d'un personnage public de l'envergure de Camillien Houde s'avère essentielle désormais. Rumilly lui enjoint d'intervenir.

«Vous pouvez saisir l'opinion, lui dit-il.

— Écoutez, lui répond Houde, je suis trop abasourdi par ce coup. Je vais annuler mes rendez-vous, quitter mon bureau, rentrer chez moi. Rappelez-moi dans une heure.»

Quelques minutes plus tard, Houde a fait son choix.

«C'est encore moi qui vais me mettre au blanc, mais c'est mon devoir, je vais le faire, je vais en appeler à l'opinion[19].»

19. Transcription d'une causerie radiophonique de Robert Rumilly à CKAC, printemps de 1951 (RR; ANQ; 14).

CHAPITRE IV

Une affaire provinciale

Houde, le porte-étendard

Au point de départ de cette affaire, le public canadien dans son ensemble part à égalité. Tous ignorent le véritable passé de Jacques de Bernonville. Même au sein du petit groupe de vichystes québécois inspirés par Robert Rumilly, rares sont ceux qui possèdent, sur son compte des informations tout à fait exactes. Peu leur importe d'ailleurs. Bernonville s'est présenté à eux comme un fidèle du maréchal Pétain et cela suffit. Son rôle précis dans la collaboration avec les nazis devient accessoire. Au pire, ceux-ci veulent y voir le prolongement obligé de la volonté du Maréchal, quels qu'en aient été les résultats. C'est dans cet esprit que s'effectue le coup d'envoi de Camillien Houde le 3 septembre 1948.

Ce jour-là, le maire de Montréal communique avec l'agence de presse British United Press et rend publiques les intentions des fonctionnaires fédéraux de déporter, d'ici quelques jours, le comte Jacques Dugé de Bernonville. Le lendemain, la presse et la radio ne parlent que de cette histoire. Dans sa livraison du 4 septembre, le quotidien montréalais *La Presse* titre en première page sur huit colonnes: «Une arrestation sensationnelle. Un homme de Vichy condamné à mort est arrêté à Montréal». Les lecteurs apprennent dans cet article la position qu'entend adopter leur maire dans cette affaire. L'entreprise de désinformation peut commencer.

L'article donne un avant-goût de la bataille à venir: «C'est donc dire, déclare Houde aux journalistes, que l'on sacrifiera pour des raisons politiques un homme dont le seul tort fut, probablement, d'exécuter les ordres qui lui étaient dictés et qui n'étaient pas au goût des gens qui dirigent aujourd'hui les destinées de la République française.»

Camillien Houde pointe les responsables canadiens du geste qui se prépare, soit les bureaucrates à tendance de gauche à Ottawa. Ceux-ci, constate le maire, veulent profiter du long congé de la fête du Travail afin de se débarrasser en douceur du comte de Bernonville. Cet homme aux 32 blessures et au passé bardé de décorations militaires, renchérit-il, a pourtant une stature de héros. Tout comme lui, y apprend-on également, quelque 20 autres proscrits vivant à Montréal risquent de faire face au même sort tragique.

Du même souffle, le maire de Montréal communique à Washington avec William Leahy, chef d'état-major du président Truman à la Maison-Blanche. Leahy connaît bien le régime de Vichy pour y avoir été nommé, pendant la guerre, ambassadeur des États-Unis. Houde l'exhorte à secourir Bernonville. «Ma raison d'intervenir auprès de vous, dit le maire, s'explique par le fait que j'appartiens à un groupe ethnique d'expression française, le seul du continent, et qu'il nous faut la protection des puissants pour obtenir justice[1].»

Son message à l'ex-ambassadeur est repris par la presse, mais celle-ci n'y fera plus allusion par la suite.

1. Communiqué du télégramme envoyé par Camillien Houde à l'amiral William Leahy (Washington), début de septembre 1948 (RR; ANQ ;14).

Le 8 septembre, quatre jours après son télégramme à Washington, Houde reçoit la réponse de Leahy. Celui-ci l'informe sèchement de son intention de ne rien faire pour Bernonville. Il ne l'a jamais rencontré, n'est pas familier avec la nature des charges pesant contre lui et, de toute façon, il ne détient pas la compétence requise pour intercéder efficacement auprès des autorités canadiennes[2]. Houde obtiendra une réponse semblable de la part de Pierre Dupuy, diplomate canadien ayant effectué durant la guerre des missions à Vichy pour le compte des Alliés.

L'administration fédérale, face au vent qui se lève, semble pour sa part dépourvue. Les fonctionnaires de l'Immigration, même à Montréal, sont généralement pétris dans une culture anglo-saxonne les coupant de la réalité du Québec. Interrogé dès le premier jour de l'affaire, le commissaire Smith de l'Immigration s'avance en terrain inconnu. Il ne voit pas pourquoi un homme associé à Vichy et condamné à mort par les tribunaux français pour collaboration devrait séjourner plus longtemps au Canada. Le fonctionnaire confirme donc aux journalistes l'intention du fédéral de déporter Bernonville avant lundi, soit dans deux jours. Pourquoi dérogerait-on au processus habituel?

Les choses ne se passeront pas selon ce scénario. Dès l'arrestation de la famille Bernonville, des avocats se mettent au travail. Bernard Bourdon, Noël et Frédéric Dorion explorent aussitôt les possibilités d'un recours jurdiciaire. Ils obtiennent que l'arrêt de déportation soit soumis à un tribunal de la Cour supérieure afin d'en juger la validité. Un sursis se dessine donc pour Bernonville et sa famille, toujours incarcérés sur la rue Saint-Antoine.

2. Télégramme de William Leahy à Camillien Houde, le 8 septembre 1948 (RR; ANQ; 14).

Craignant d'autre part le potentiel politique et hautement explosif d'une telle affaire, le fédéral fait rapidement marche arrière quant à ses motifs justifiant la déportation. Deux jours après la sortie du maire, le sous-ministre Keenleyside chargé des questions d'immigration à Ottawa fait un saut dans l'arène et justifie ses fonctionnaires par une argumentation toutefois moins tranchante. Bernonville, fait-il valoir, a probablement assassiné des aviateurs canadiens durant l'Occupation allemande en France. Et puis, son dossier révèle le meurtre d'alliés du Canada représentés par des membres de la Résistance française. Enfin, le ministre souligne le souhait exprimé par la mère patrie des Canadiens français, la France, de voir Bernonville retourner dans ce pays. Là-bas, lui assure-t-on, il bénéficiera d'un nouveau procès.

La réplique de Houde ne se fait pas attendre:

> [...] vos renseignements doivent provenir des soi-disant «tribunaux d'épuration» de la quatrième République française, dans lesquels très peu de Français ont encore confiance, et auxquels dans le monde entier, sauf peut-être en Russie et chez ses satellites, personne n'accorde la moindre importance[3].

De Québec, le député à l'Assemblée législative de la province, René Chaloult, ne met pas seulement en doute la crédibilité de ces informations, mais également le porteur de celles-ci. Keenleyside représente pour Chaloult «un fanatique, un antifrançais, un anticatholique, un franc-maçon[4]».

De France arrive par le biais de dépêches de presse une tout autre version du passé de Bernonville. Bien que s'y glissent parfois des inexactitudes de faits et de

3. *Montréal-Matin*, 7 septembre 1948.
4. *Le Devoir*, 9 septembre 1948.

dates, ces articles tracent un portrait assez juste du passé collaborationniste de Jacques de Bernonville. La presse anglophone et francophone fait écho à ces informations. On y apprend que Bernonville a été condamné à mort par contumace en octobre 1947 par la cour de justice de Toulouse. Ses activités au sein de la Phalange africaine sont mises au jour, tout comme sa participation à la répression de la Résistance sur les plateaux des Glières et du Vercors. Bref, l'image de Bernonville qui ressort de ces articles est celle d'un auxiliaire affiché des nazis et d'un criminel de guerre[5].

Dès le 8 septembre, alors que certains pans du voile commencent à être levés sur le véritable passé de Bernonville, ce dernier désigne au maire les responsables de cette campagne «d'insinuations perfides». De toute évidence, confie-t-il, cela «sent la machination antichrétienne, communiste et... juive[6]».

Amené à s'expliquer par rapport aux dépêches qui arrivent de Paris, l'ancien officier, toujours incarcéré sur la rue Saint-Antoine, se fait cassant. Il fait valoir aux journalistes la règle du silence dans cette affaire. L'ex-militaire leur indique toutefois le sens à donner à ces informations. Il s'agit d'un tissu de mensonges.

Le 20 septembre, Bernonville et sa famille sont relâchés grâce à une caution de 5000 dollars versée par leur bon ami Jean Bonnel. Pour les autorités de l'Immigration, l'ordre de déportation tient toujours. On diffère simplement son exécution jusqu'au procès dont les résultats, espère-t-on, confirmeront le bien-fondé de la décision.

5. *La Presse*, 13 septembre 1948.
6. Lettre de Jacques de Bernonville à Camillien Houde, le 8 septembre 1948 (RR; ANQ; 14).

«Vive Pétain stop Vive Bernonville»

Dès le début, pétitions, formation de comités de défense, exhortations au gouvernement fédéral et au gouvernement français donnent à cette affaire une tournure politique. En quelques jours, un résidant de Montréal, un dénommé Barrière, recueille plus de 6000 signatures pour une pétition visant à faire renverser la décision des autorités fédérales. Des volontaires, comme cette dame Racine, arpentent les rues de la ville, pétition à la main, et mettent en avant-plan l'aspect humanitaire d'une cause dont l'enjeu réside dans la déportation d'un père de famille. La requête collective est envoyée à Ottawa, au ministre des Affaires extérieures Louis Saint-Laurent, qui doit par ailleurs remplacer prochainement le premier ministre du Canada, William Lyon Mackenzie King.

L'onde de sympathie s'étend bientôt à toute la province. De Québec, le Dr Philippe Hamel prend fait et cause dans la presse pour le comte de Bernonville. Le parcours de cet homme, plus politique que dentiste, est singulier. Député à Québec en 1935 d'un parti se voulant réformiste, l'Action libérale nationale, il accepte de faire le saut l'année suivante avec l'Union nationale de Maurice Duplessis. La nouvelle organisation politique est le fruit de la fusion du parti conservateur du Québec et de l'Action libérale nationale.

Une fois bien installé au pouvoir, Duplessis, le chef de la jeune formation, n'entend pas donner suite aux combats de ce bouillant idéologue. En effet, depuis plusieurs années, Hamel s'est bâti une réputation comme pourfendeur des trusts de l'électricité et dénonciateur des abus du capitalisme.

Déçu, celui-ci se retire, mais ne pouvant rester longtemps loin de l'action politique, il participe au cours de la guerre à la naissance du Bloc populaire canadien. Ce parti se forme afin de donner une voix au ressentiment canadien-français exprimé lors de la crise de la conscription de 1942. Avec Paul Gouin et René Chaloult, Hamel entend profiter de cette plate-forme afin de poursuivre la lutte pour l'avènement du corporatisme et de la nationalisation de l'électricité. Cependant, des divergences internes l'amèneront à prendre ses distances avec le nouveau-né qui mourra quelque temps plus tard, en 1948.

Cette année-là, Hamel, bien trempé dans un nationalisme marqué par la survie de la race, est mûr à nouveau pour un engagement politique. Comme son ami de Québec, René Chaloult, à qui il donne un coup de main dans son organisation électorale, Hamel se jette à fond de train dans l'affaire Bernonville. Le 7 septembre, dans une déclaration à la presse, il affirme ne voir dans l'action du comte de Bernonville sous l'Occupation rien de criminel, ce dernier agissant sous les ordres du gouvernement légitime de la France[7].

Quelques jours plus tard, à Montréal, un comité pour la défense de Bernonville prend le relais du groupe informel ayant lancé la campagne de signatures. Baptisé Comité pour la défense des réfugiés politiques français, le regroupement est présidé par un ancien candidat du Bloc populaire canadien, l'avocat Paul Massé. L'organisateur de la pétition, L.-A. Barrière, se joint également au groupe. Dès sa création, l'organisme a recours à la thèse Rougier émise trois années plus tôt qui voyait en Pétain un astucieux stratège mystifiant ses sbires allemands au profit de la cause alliée. Bernonville, aux ordres de Vichy, a simplement marché sur les traces du Maréchal, affirment ses protecteurs.

Dans leur appel au gouvernement français, ces derniers associent encore de plus près leur protégé au Maréchal interné dans l'île d'Yeu. Dans les deux cas,

7. *Montréal-Matin*, le 7 septembre 1948.

ceux-ci sont victimes des errements de la IVe République. À Georges Bidault, ils écrivent:

> Rendez-nous, rendez au monde le droit d'admirer et d'aimer votre patrie sans réserve. Abaissez les grilles, ouvrez les portes de vos prisons. Libérez le Maréchal, le plus vieux prisonnier du monde et les milliers de détenus politiques qui sont encore victimes d'une haine tenace[8].

Le Comité recrute principalement parmi les membres de l'intelligentsia nationaliste ayant pris part à l'épisode du Bloc populaire ou se sentant des affinités avec l'Union nationale. À peu près tous se disent autonomistes. Plusieurs ont été, durant la guerre, des sympathisants notoires de Pétain. Cette affaire constitue l'occasion de ranimer ces sentiments, d'autant que ne pèse plus aussi durement le nécessaire alignement sur les objectifs de guerre des Alliés.

L'organisation est dirigée de Québec par René Chaloult et Philippe Hamel, de Montréal par Camillien Houde et Robert Rumilly. «La bande des quatre», c'est ainsi que la qualifie le chroniqueur Richard Daigneault qui y voit un petit groupe bruyant de nationalistes voulant se faire passer pour la voix du Québec.

Un notaire de Québec, Gustave Jobidon, prétendra effectivement parler au nom de l'ensemble des Canadiens français lorsqu'il adressera à Robert Schuman et au gouvernement français ce télégramme fort explicite:

> Canadiens français indignés par déportation comte de Bernonville. République française souillée par ingratitude envers héros authentique. Campagne antifrançaise ici si la déportation et l'assassinat ont lieu stop humiliation pour nous. Vive Pétain stop vive Bernonville[9].

---

8. Communiqué du Comité de défense des réfugiés politiques français à Georges Bidault, France, automne 1948 (RR; ANQ; 12).
9. *Le Canada*, 15 septembre 1948.

Le rassemblement ne peut cependant pas compter sur l'appui ouvert du premier ministre du Québec, Maurice Duplessis, pourtant ardent défenseur de l'autonomisme québécois. Fin renard, celui-ci laisse s'y tremper certains de ses députés, mais il se tient lui-même en état d'attente, comme s'il voulait vérifier avant tout, sur le plan électoral, le potentiel d'un tel mouvement. Après tout, les élections provinciales viennent d'avoir lieu.

Malgré l'attitude attentiste du chef du gouvernement québécois, le mouvement est tout de même informé de la sollicitude de Duplessis à son égard. De plus, des ministres en poste à Québec promettent, en guise d'appui, d'adresser au groupe un chèque de quelques milliers de dollars.

Une des tâches du Comité fraîchement né consiste à susciter un front commun dans les sociétés canadiennes-françaises. Le mouvement de pression auprès du gouvernement fédéral se manifeste par des lettres adressées au ministre Louis Saint-Laurent. Les Chevaliers de Colomb du conseil Maisonneuve exhortent le fédéral à ne pas livrer «aux Rouges français, le grand patriote catholique qu'est Monsieur le Comte[10]». L'organisme Jeunesse de Rosemont se sert aussi de ce thème pour réclamer du gouvernement canadien sa clémence afin d'empêcher que soit remis «aux communistes français cet homme anticommuniste[11]».

Philippe Hamel écrit personnellement à Louis Saint-Laurent le 21 septembre et sollicite, à la suite des autres, l'indulgence pour Bernonville. Dans une lettre confidentielle adressée au ministre, il ouvre même le débat sur toute la question de l'immigration. Hamel,

10. Lettre du conseil Maisonneuve des Chevaliers de Colomb au ministère de la Justice, Ottawa, 9 septembre 1948 (DB; ANC).
11. Lettre de Gérard Deguire pour la Jeunesse de Rosemont au ministère de la Justice, Ottawa, 7 septembre 1948 (DB; ANC).

imprégné du pétainisme québécois du temps de guerre, dévoile alors la force de ses convictions:

> De France actuellement, nous aurions un recrutement de choix dans les prisons, car c'est là que loge une large partie de l'élite qui n'a pas réussi à se sauver au Canada, aux États-Unis ou en Amérique du Sud. Je vous scandalise peut-être en écrivant pareille idée, je le regrette[12].

Et il enchaîne sur l'interné de l'île d'Yeu:

> [...] le plus grand citoyen de France, durant la Seconde Guerre mondiale, a été le maréchal Pétain, malgré ses erreurs. Il a été condamné à mort par une parodie de justice, de concert avec des Français et des Anglais, tout comme sainte Jeanne d'Arc est montée sur le bûcher, condamnée par un tribunal inique, à la grande joie d'Anglais et de Français.

Sur les ondes et dans la presse

L'affaire Bernonville accapare la radio et la presse québécoises pendant tout l'automne 1948. Immédiatement, les éditorialistes se démarquent en deux camps bien distincts, reproduisant à peu près parfaitement les clivages du temps de guerre entre vichystes et gaullistes. À la défense du comte de Bernonville se porte la presse catholique et nationaliste de langue française avec en tête des journaux comme le *Montréal-Matin*, *La Patrie*, *L'Action catholique* et *Le Devoir*.

Dans son portrait de Jacques de Bernonville, le journal montréalais *La Patrie* mentionne effectivement les fonctions de ce dernier comme responsable du Maintien de l'Ordre à Lyon sous l'Occupation. La suite

12. Lettre de Philippe Hamel à Louis Saint-Laurent, 21 septembre 1948 (RR; ANQ; 14).

de l'article prend toutefois une autre tournure. À ce titre, poursuit-on, le comte de Bernonville, nommé par le maréchal Pétain «exécuta les lois françaises contre les terroristes communistes et en fit fusiller plusieurs[13]».

Roger Duhamel se lance à son tour à l'attaque de la Résistance française. Le directeur du *Montréal-Matin*, miroir de la pensée de l'Union nationale, écrit: «[...] les communistes français ont soigneusement noyauté tous les foyers de résistance à l'ennemi. Ils ont érigé le terrorisme en système[14]». Pour ce dernier, l'action des tribunaux d'épuration français a abouti à mener à bonne fin une vaste opération d'élimination d'adversaires politiques. Sous ce rapport, conclut-il, Bernonville, à bon escient, peut être considéré comme «un réfugié politique et, à ce titre, il mérite la sympathie des autorités canadiennes».

À Québec, Louis-Philippe Roy dans *L'Action catholique* du 10 septembre met en doute le système judiciaire français devant se prononcer sur la responsabilité du comte durant la guerre: «La justice française est-elle actuellement en mesure de juger équitablement cet accusé politique? Le climat est de toute évidence défavorable.» Hormis quelques rares traîtres, établit Alonzo Cinq-Mars dans *La Patrie*, la plupart des personnes actuellement emprisonnées ou fusillées pour collaboration avec les nazis n'ont fait qu'obéir au gouvernement de Vichy, légitime et légalement constitué. Bernonville fait partie de ce dernier groupe.

Le 7 septembre, dans la rubrique «Bloc-Notes» du *Devoir*, un billet signé des initiales P. S. (Paul Sauriol) met également en doute la valeur d'un nouveau procès:

13. *La Patrie*, 5 septembre 1948.
14. *Montréal-Matin*, 7 septembre 1948.

> L'on parle d'un nouveau procès pour M. Bernonville; s'il doit ressembler à ceux du maréchal Pétain et de Pierre Laval, ce n'est vraiment pas la peine. Le gouvernement canadien n'a pas à entrer dans le mérite de la question, mais dans les circonstances. M. de Bernonville devrait trouver chez nous l'asile que le Canada a accordé tout récemment à d'autres réfugiés.

Dans un éditorial cette fois dû à la plume d'André Laurendeau, *Le Devoir* revient sur cette affaire le 11 septembre. L'ancien député du Bloc populaire assure qu'il faut voir en Bernonville «un réfugié politique». La réaction des autorités fédérales, estime-t-il, ne se justifie pas, même si le Français est entré illégalement au pays, avec de faux papiers. «Invoquer platement la lettre des règlements d'immigration pour renvoyer dans son pays un condamné politique, c'est lui refuser avec hypocrisie le "droit d'asile" qu'on accorde à tant de réfugiés.» S'appuyant sur le journal de droite *Paroles françaises*, publié à Paris, *Le Devoir* décoche ses premières flèches contre les adversaires de Bernonville qui sont, par ricochet, contre Pétain. Le 25 septembre, dans un «Bloc-Notes» rédigé à nouveau par Paul Sauriol, on peut lire: «[…] les adversaires anciens de Vichy qui voient des fascistes partout voudraient nous faire croire en somme que l'opinion française est unanime à condamner le Maréchal et tous ceux qui l'ont suivi.»

Le point de vue est partagé par le *Montréal-Matin*. En effet, quelques jours auparavant, soit le 8 septembre, Roger Duhamel avait écrit: «Nous devions nous y attendre; ceux qui pendant la guerre ont donné les bobards colportés par la gauche et qui se sont réjouis des innombrables infamies accomplies sous le couvert du résistancialisme prennent résolument parti contre le comte de Bernonville…»

Et Duhamel de poursuivre que toute cette affaire «suinte la haine tenace pour le gouvernement de Vichy, régime légal de la France avec lequel les États-Unis et le Canada ont entretenu des relations diplomatiques constantes».

De façon ironique, le directeur du *Montréal-Matin* se trouve en accord, sur un point, avec les détracteurs du comte de Bernonville. Et c'est sur la reproduction au Canada du clivage vichystes, gaullistes dans l'affaire Bernonville.

Dans *Le Canada*, journal montréalais fédéraliste et inféodé au Parti libéral du Canada, on écrit le 9 septembre:

> Comme il fallait s'y attendre, tout ce que le Québec comptait de fascisants, de pro-boches et de collaborateurs en puissance, au cours de la guerre, se trouve aujourd'hui au premier rang de ceux qui s'agitent au sujet de l'affaire de Bernonville. Et ce sont ceux-là mêmes qui ont fait de leur mieux, ou de leur pis, pour saboter notre effort de guerre [...].
>
> Il est à noter, aussi, que ceux-là qui, aujourd'hui, s'opposent à ce que le comte de Bernonville soit remis à la justice française sont les mêmes qui, pendant la guerre, applaudirent quand le régime de Vichy, à la solde duquel était de Bernonville, livra à Franco des républicains espagnols qui avaient cherché refuge en France et qui avaient même combattu pour la France avant l'armistice signé par Pétain. Leur conception du «droit sacré d'asile» varie singulièrement avec les circonstances et les personnages en cause!

Cette vision à l'emporte-pièce, en noir et blanc, qui se forme dans le feu de l'action appelle des nuances. Celle-ci notamment: ceux qui, en 1940, se sont opposés, au Canada français, à de Gaulle, qui l'ont «toléré» et qui ont appuyé Vichy ne se sont pas jetés dans les bras d'Hitler pour autant. Au contraire, ils adhéraient, parfois du bout des lèvres, aux objectifs militaires du Canada en ce qui a trait à la guerre contre l'Allemagne bien que, sur les moyens, plusieurs d'entre eux aient férocement combattu la conscription.

Il n'y a pas eu au Canada français, durant la guerre, de mouvement d'appui à Hitler ou à la cause nazie. Avec l'arrestation en mai 1940 du fasciste Adrien Arcand et des principaux dirigeants pronazis, membres au demeurant d'un parti pancanadien, toute intention de sympathie hitlérienne, si faible aurait-elle d'ailleurs pu être, avait été décapitée.

La réalité est donc plus complexe. Cependant, une fois élaguées les exagérations de style du journal *Le Canada*, les positions prises de part et d'autre traduisent bien la réelle démarcation quant à Vichy.

En somme, peu d'éditorialistes dans la presse canadienne-française sont prêts à se lever afin d'appuyer l'ordre de déportation du fédéral. Ceux qui le font, et en première ligne *Le Canada*, agissent selon la ligne tracée par le parti au pouvoir à Ottawa. Et puis, leurs prises de position antérieures, régulièrement en porte-à-faux par rapport au cléricalisme et au nationalisme, leur garantissent, dans cette affaire, un certain recul. La cause étant portée par leurs adversaires, elle devient aussitôt suspecte.

Pour *Le Canada*, les défenseurs du comte de Bernonville sont plus pétainistes que nulle part en France et se rangent parmi ceux qui cherchent à saper la Confédération canadienne et le Parti libéral du Canada. Le pétainisme est mort en France, avance rapidement Eugène l'Heureux, il devrait être mort également chez nous[15].

Le journal ouvre largement ses pages à ceux qui souhaitent voir Bernonville retourner en France pour y être jugé. Des militaires canadiens et français expriment ainsi leur désarroi. Le président de la Légion cana-

15. *Le Canada*, 20 septembre 1948.

dienne de la province de Québec se fait, le 11 septembre, le porte-parole de ses membres et demande qu'on ne fasse pas de cette affaire un enjeu politique. Il faut, rappelle-t-il, laisser entre les mains de la justice canadienne le soin de trancher si Bernonville a droit de demeurer au pays.

Un groupe de combattants français se fait plus explicite et présente par l'absurde les conséquences découlant d'un appui à un collaborateur des nazis tel que Bernonville.

> Nous exigeons enfin le rétablissement des camps de concentration, la torture, la Gestapo et les chambres à gaz pour lesquelles de Bernonville et ses héros se sont si vaillamment battus.
>
> Vive Pétain, vive de Bernonville, vive Laval, vive Hitler, vive le IIIe Reich, à bas les Nations Unies[16]!

Dans l'ensemble, les militaires apportent aux adversaires du comte de Bernonville leurs effectifs non négligeables pour un combat semblant devoir se dérouler à armes inégales. Ces derniers possèdent une connaissance de la guerre qui manque largement au public en général. Une exception viendra toutefois mêler les cartes et donner crédit à ceux qui pensent sincèrement appuyer un père et une famille en détresse.

Le capitaine Antoine Masson, prisonnier canadien lors du désastre de Dieppe en août 1942, affirmera devoir sa fuite des griffes allemandes à Bernonville. Plus précisément, les organisateurs de son évasion lui auraient révélé agir sous les ordres du comte. On mettra rapidement en doute la participation de ce dernier en faisant valoir que le nom de Bernonville a peut-être été utilisé par les résistants, mais à d'autres fins. Par une astuce dictée par les règles de sécurité, son nom aurait

16. *Ibid.*, 13 septembre 1948.

servi à brouiller les pistes si jamais Masson était repris par les Allemands.

L'affaire en restera là, tout comme les dénonciations faites cette fois contre Bernonville à propos du meurtre en France d'un aviateur canadien, un dénommé Benoit. Le chef milicien se serait servi de ses papiers d'identité afin d'entrer par la suite au Canada. L'hypothèse la plus plausible dans ce cas demeure l'explication que donne Bernonville lui-même, jurant avoir utilisé le nom de Benoit par fidélité à son patron, saint Benoit.

La presse de langue anglaise s'élèvera d'un bloc contre Bernonville. Gaulliste durant la guerre, celle-ci s'affiche contre Bernonville dans l'après-guerre. Tous les éditoriaux écrits au début de septembre dans les journaux anglophones de Montréal vont dans le même sens. Tous sont unanimes à exiger la fin des pressions politiques pour le garder au pays. On doit s'en remettre, conseillent-ils, à la justice. De toute façon, un procès doit bientôt établir si Bernonville a droit ou non de rester au pays.

Tenant pour vraie la version de Paris sur le fugitif français, *The Montreal Herald*, dans sa livraison du 8 septembre 1948, classe ses partisans au Canada dans un spectre allant des fascistes aux nationalistes.

Pour sa part, *The Standard* publie, le 11 septembre, une photocopie des fiches de la police française sur Bernonville. Daté de janvier 1945, le mandat de poursuite énonce certains crimes commis par Bernonville, soit: arrestation arbitraire, atteinte à la sécurité de l'État, vol, violence, etc. Jokelson, celui qui a reconnu à Granby Bernonville pour la première fois, a fourni les informations aux journaux. Dans la presse de langue française, ces renseignements sont également publiés par *Le Petit Journal*. Toutefois, au Canada français, ce type de documents sera généralement considéré comme un outil de propagande émanant des tribunaux d'épuration français.

Dans la capitale québécoise, le *Quebec Chronicle-Telegraph* s'en prend à Camillien Houde et à Philippe Hamel qu'ils accusent de fourvoyer le public. On ne peut, selon le journal, confondre collaborationniste et prisonnier politique. Si Bernonville est effectivement entré de façon illégale au pays, qu'on le déporte alors dans son pays d'origine.

Dans l'autre capitale, celle du Canada, *The Ottawa Citizen* estime que le jugement de la cour de Toulouse sur Bernonville, émis en octobre 1947, a été rendu bien après la fin des règlements de compte de l'immédiat après-guerre. La justice, au contraire de ce qu'affirment les défenseurs de Bernonville, se porte bien en France. Pour l'éditorialiste, si les informations reçues de Paris se révèlent exactes, Bernonville ne campe pas dans un rôle de réfugié politique, mais bien dans celui de criminel de guerre.

Dans le tapage médiatique autour de l'affaire Bernonville, la radio ne demeure pas en reste. Le 12 septembre, Robert Rumilly s'assoit derrière le micro pour y lire sa première d'une série de causeries diffusées tout au long de cette affaire. De sa voix au débit trop rapide, le pamphlétaire-historien tente de convaincre ses auditeurs de l'ignominie en train d'être perpétrée contre ce chrétien, Français de surcroît.

De toutes parts, il attaque et parfois, il vise juste. S'en prenant à la langue de travail utilisée par les fonctionnaires de l'Immigration, qui sont la cause des problèmes de Bernonville, Rumilly ramasse cet exemple:

> J'ai eu la curiosité de circuler dans l'immense bâtiment occupé par les services d'immigration à Ottawa [...]. Vous verrez des centaines de fonctionnaires. Cherchez les Canadiens français, cherchez-les bien et comptez-les [...]. Il y a une heure, chaque jour, où la langue française résonne

dans tous les bureaux de l'administration fédérale. C'est sept heures du matin, l'heure des femmes de ménage[17].

Mais au-dessus des fonctionnaires, il y a le grand responsable, Louis Saint-Laurent, chef du Parti libéral du Canada et en instance de devenir le prochain premier ministre. Rumilly fait le tour du jardin québécois et constate que les membres de ce parti figurent parmi les seuls Canadiens français à ne pas soutenir Bernonville. Saint-Laurent serait-il plus clément s'il s'agissait d'une personne d'origine juive? Durant la guerre, insinue-t-il, le ministre n'a pas hésité à relâcher un dénommé Fred Rose, alias Fred Rosenberg, pourtant appréhendé par la police pour s'être livré à l'espionnage. «Monsieur Saint-Laurent, déclame Rumilly, renoncez à déporter un autre homme que votre police a appréhendé et qui ne s'appelle ni Sam Cohen, ni Fred Rosenberg, mais Jacques de Bernonville[18].»

Camillien, nous voilà!

À la fin de septembre 1948, l'affaire Bernonville est bel et bien sur rails, et ce grâce, en premier lieu, à l'entrée en scène du maire de Montréal, Camillien Houde. Celui-ci crée littéralement cette affaire. Il indique dès les premiers instants ce que doivent en penser ses concitoyens. Ceux-ci lui font bon accueil et son intervention traverse même l'Atlantique.

Houde, à partir de ce moment, reçoit un courrier considérable. Dans l'ensemble, ses électeurs et d'autres en dehors de sa ville l'encouragent à continuer. Pour le notaire Lachapelle de Saint-François-du-Lac, comté

17. Notes pour une causerie radiophonique de Robert Rumilly intitulée «L'affaire de Bernonville pose un principe», automne 1948 (RR; ANQ; 12).
18. *Ibid.*

d'Yamaska, «la moitié de la population française est communiste et devrait passer au fil de l'épée — et ce avant Jacques[19]».

Un médecin, le Dr Michaud, apprécie hautement l'audace du maire et souligne que, dans cette affaire, «la conduite des ministres canadiens est dictée par l'Angleterre[20]». Conrad Bérubé de Montréal disserte à partir d'une variante de ce même thème: ceux qui ont enfermé Houde durant la guerre, c'est-à-dire le petit groupe d'Ottawa, se révèlent être les mêmes acteurs de la pièce qui se joue actuellement à propos de Bernonville[21].

Joseph Valois, un partisan de Houde, le remercie chaleureusement de l'acte accompli. «Le comte de Bernonville comme vous le savez est un des bras droits du grand Pétain que son ingrat pays a exilé dans cette grande lutte idéologique[22].» Valois termine en lui redisant toute son admiration pour s'être largement dépensé lors de la campagne électorale contre le communisme.

Un résidant anglophone de Ville Saint-Laurent, une banlieue de Montréal, apporte également son appui au maire. Si du sang anglais coulait dans les veines du comte, affirme Leo Meehan, ce dernier ne rencontrerait pas de difficultés avec les autorités fédérales. Mais voilà, il est français[23].

Le maire de Montréal obtient un appui de taille avec la réception d'une coupure de presse faisant l'éloge de la carrière militaire du comte de Bernonville

19. Lettre de J.-Er. Lachapelle à Camillien Houde, automne 1948 (RR; ANQ; 14).
20. Lettre de J. B. Michaud à Camillien Houde, le 14 septembre 1948 (RR; ANQ; 14).
21. Lettre de Conrad Bérubé à Camillien Houde, le 14 septembre 1948 (RR; ANQ; 14).
22. Lettre de Joseph Valois à Camillien Houde, le 6 septembre 1948 (RR; ANQ; 14).
23. Lettre de Leo Meehan à Camillien Houde, le 12 septembre 1948 (RR; ANQ; 14).

au cours de la Première Guerre. L'expéditeur de ce document fort précieux n'est nul autre que l'auteur d'un classique de la littérature canadienne-française, *Menaud, maître-draveur*, l'abbé Félix-Antoine Savard. Houde l'en remerciera chaleureusement et avisera aussitôt Rumilly de cette heureuse surprise.

Parmi les lettres reçues, certaines, rédigées de la main de membres de la colonie française de Montréal, expriment leur soutien avec véhémence. Généralement anonymes, elles émanent de fidèles du Maréchal dont certains se sont vraisemblablement compromis dans la collaboration en France, sous l'Occupation. Voici un extrait de l'une d'elles, écrite par un groupe de partisans du Maréchal installés à Montréal qui exposent leur combat:

> Pour la France, pour le catholicisme, contre le communisme.
>
> C'est le combat traditionnel de la province de Québec. Ces gens-là auraient pu partir en Argentine, au Brésil, au Venezuela ou ailleurs. Ils sont venus dans le Québec parce qu'ils voulaient rester français et qu'ils voulaient que leurs enfants et petits-enfants restent français.
>
> Parce que ces gens-là qui se sont exposés, battus pour l'idéal d'une France et d'un monde régénérés ont voulu se fixer dans le pays du monde où les mœurs sont restées les plus saines et les plus pures[24].

Un autre groupe, ou peut-être le même mais utilisant un autre nom, félicite Jean Bonnel et Camillien Houde d'avoir rendu le scandale public. Il s'agit là, selon eux, d'un trait de génie: «La racaille prend toujours peur de l'opinion lorsque ces [*sic*] crimes sont démasqués[25].» Houde et Bonnel peuvent compter sur

24. Lettre d'un groupe anonyme de partisans du Maréchal établis à Montréal à Camillien Houde, septembre 1948 (RR; ANQ; 14).
25. Lettre d'un groupe anonyme dit «de Vigilance» à Jean Bonnel, le 6 septembre 1948 (RR; ANQ; 14).

ces partisans. «Vous avez derrière vous tous les Français propres et ils sont légion», déclarent les auteurs, se dénommant le groupe de Vigilance. Ils font cependant part de leurs craintes face à quelques compatriotes imprudents qui risquent d'être démasqués par les services consulaires de Montréal. Depuis un an, constatent les rédacteurs de la missive, les mesures de sécurité observées jusqu'alors parmi certains membres de la colonie française de Montréal se sont relâchées. On affiche maintenant trop ouvertement sa véritable identité. Les étourdis s'exposent à être détectés, notamment à l'occasion des réunions mensuelles des membres de la colonie.

Un Français, Jean Dufour, arrivé au Canada en mars 1948 avec ses six enfants, stigmatise son pays «où l'on est baptisé "Vipère lubrique" si l'on est anticommuniste et "collaborateur" si l'on n'aime pas les Anglais[26]...» Dufour traite par ailleurs les opposants à Bernonville, qui se révèlent être aussi les siens, de «ramassis de fripouilles et d'apaches acharnés à notre perte».

Les Français qui écrivent au maire Houde ne constituent tout de même pas un reflet fidèle de l'ensemble de leur communauté. Au début de l'affaire, par exemple, un des sympathisants français du comte avait tenté de faire signer une requête en sa faveur par les membres de l'Union nationale française de Montréal. Cela fut inutile. Les membres de l'association ont refusé d'acquiescer à sa demande.

Bref, les appuis au maire arrivent de partout et on compte sur les doigts d'une seule main les lettres d'opposition. De New York où elle est présentement installée, Élizabeth de Courval regrette son intervention tout en n'approuvant pas non plus l'emprisonnement de Pétain. «[...] ce n'est pas une raison, déplore-t-elle,

26. Lettre de Jean Dufour à Camillien Houde, le 9 septembre 1948 (RR; ANQ; 14).

de monter une campagne de haine contre notre ancienne mère patrie[27]...»

Une dame Salvas, de Lachute, exprime également son mécontentement au maire:

> Il me semble que vous devriez avoir suffisamment d'ouvrage à gérer les affaires de la métropole sans intervenir dans les décisions du gouvernement français. D'autant plus que de ce côté-ci de l'Atlantique nous sommes mal renseignés et sommes peu au courant sur certaine personnalité française[28].

Une citoyenne de langue anglaise ne mâche pas ses mots pour désapprouver l'attitude du maire. Associant dans un même groupe fascistes et nationalistes, celle-ci soupçonne, à tort, le fasciste Adrien Arcand d'être le grand manipulateur de cette affaire. Sarcastique, Mme Silverstone demande que les amis de Houde vérifient la légalité de l'entrée au Canada de chacune des familles juives[29].

Les déclarations de Camillien Houde en faveur de Jacques de Bernonville ont voyagé rapidement. Quelques jours plus tard, elles accostent en France par l'entremise de la presse de droite de ce pays. Les nouvelles en provenance du Québec confortent bon nombre de ses lecteurs. Ceux-ci le font savoir au maire.

Parmi eux, un Français qui se terre et avoue être de ceux qui ne peuvent crier leur nom. Avec peut-être 20 autres individus, il figure dans la liste des gens recherchés au même titre que Bernonville.

Pour intituler son message, l'auteur emprunte de curieux accents gaulliens et titre: «Un Français parle à

27. Lettre d'Elizabeth de Courval (New York) à Camillien Houde le 19 septembre 1948 (RR; ANQ; 14).
28. Lettre de Mme Arthur Salvas à Camillien Houde, le 7 septembre 1948 (RR; ANQ; 14).
29. Lettre de Mme Silverstone à Camillien Houde, début de septembre 1948 (RR; ANQ; 14).

de courageux Canadiens français[30].» Son appel aux Canadiens français vise à les remercier pour les Français traqués au Canada et à les inciter à poursuivre la campagne avec «tous les moyens légaux ou même extra-légaux».

Un autre, soulignant l'attitude «d'une correction absolue» des autorités allemandes dans Paris occupé, soupire que le «seul réconfort dans les conditions présentes est de voir dans des pays de langue française s'élever quelques voix comme la vôtre, qui ne peuvent s'exprimer ici[31]».

Le groupe Thermidor écrit au maire de Montréal en attendant l'heure H de la contre-révolution. Au moment opportun, celle-ci doit nettoyer la France des Soviets et de leurs succédanés. Se décrivant comme des purs, les auteurs conjurent le maire de faire l'impossible afin d'empêcher le retour de Bernonville qui serait immédiatement envoyé à une mort certaine. Il faut donc plutôt attendre que cette heure, «celle de la liberté et de la justice [ait] sonné le glas de la soi-disant Résistance et de ses soi-disant héros et libérateurs[32]».

À tous ces gens Houde répond (du moins lorsqu'il possède leur adresse). Aux Français, il fait part de l'attente marquée d'inquiétude des Canadiens français face à la situation vécue outre-Atlantique. Son peuple, entouré de 160 millions d'anglophones, souligne-t-il, espérait pouvoir s'appuyer sur la France dans sa résistance à cet environnement. Le maire de Montréal partage leur souhait de voir ce pays se relever bientôt[33].

30. Lettre anonyme envoyée à Camillien Houde par un Français traqué, début de septembre 1948 (RR; ANQ; 14).

31. Lettre anonyme d'un Parisien à Camillien Houde, le 8 septembre 1948 (RR; ANQ; 14).

32. Lettre d'un groupe se dénommant Thermidor à Camillien Houde, le 22 septembre 1948 (RR; ANQ; 14).

33. Lettre de Camillien Houde à l'abbé P. Régis (Montpellier), le 10 novembre 1948 (RR; ANQ; 14).

CHAPITRE V

Une affaire nationale

Presse anglaise contre presse française

Le 15 octobre 1948, l'affaire Bernonville prend une dimension nationale. La révélation de l'existence d'arrêtés en conseil émis par le cabinet des ministres à Ottawa en vue de permettre le séjour au pays de quatre clandestins français met le feu aux poudres. À défaut de débattre du cas Bernonville dont le procès se déroule au cours de l'automne, cette nouvelle histoire, en plusieurs points calquée sur la première, permettra aux protagonistes de continuer d'en parler sans réellement y toucher.

Ce jour-là, le quotidien torontois *The Globe & Mail* divulgue la présence au Canada de quatre autres collaborateurs français en plus de Jacques de Bernonville. Il s'agit de Georges Montel, quarante-neuf ans, Julien Labedan, trente-cinq ans, André Boussat et Jean Louis Huc, tous deux âgés de quarante-cinq ans. Les quatre sont arrivés au pays munis de faux passeports.

Un sénateur libéral, apprend-on, aurait manœuvré depuis un an et demi pour leur faire obtenir le permis de séjour permanent. Le sénateur en question, Jean-Marie Dessureault, admet candidement dans cet article avoir reçu des appuis du clergé pour cette tâche. Des membres éminents de la hiérarchie catholique auraient recommandé et fortement appuyé les solliciteurs de visas.

De plus, avance-t-il, comme pour rendre le geste plus crédible, le futur premier ministre Louis Saint-Laurent était lui-même au courant des autorisations particulières accordées à ces individus. Le ministre siégeait en effet au cabinet en septembre, au moment où les arrêtés en conseil ont été promulgués.

Ces décisions ont effectivement été passées sous silence. Rumilly en a été informé par Labedan deux semaines après le début de l'affaire Bernonville. Labedan a vu dans ce geste le couronnement d'un «combat que nous avions mené là-bas pour le chef vénéré qui eut rendu à la France sa grandeur[1]». Il faut plutôt y voir la crainte du fédéral de se retrouver avec cinq «affaires Bernonville» sur les bras. D'autre part, faut-il le rappeler, les membres de l'épiscopat de Québec avaient tout en main; on le leur avait signifié, pour dénouer l'impasse à laquelle se heurtaient de plus en plus de Français vivant dans la clandestinité. Bref, chez les défenseurs des fugitifs, la consigne a été de ne pas rendre l'événement public.

Partout à travers le pays, la presse de langue anglaise est scandalisée de la manière dont a procédé le fédéral dans les circonstances et dénonce, *The Globe & Mail* en tête, les arrêtés secrets. Ce quotidien parle carrément de «collaborateurs» dans le cas des quatre Français. Trois jours après le dévoilement de ces ordonnances, le journal en éditorial exige des explications de la part du gouvernement canadien.

Le 19 octobre, le journal mentionne qu'un député, Allister Stewart, de la Co-operative Commonwealth

1. Lettre de Julien Labedan à Robert Rumilly, le 16 septembre 1948 (RR; ANQ; 14).

Federation (CCF), entend mener la bataille au parlement fédéral lors de la prochaine session si, d'ici là, le gouvernement fédéral ne rend pas des comptes sur cette question. Le geste apparaît d'autant plus injustifiable, poursuit-il, dans le contexte actuel où sept personnes d'origine juive viennent d'être déportées en Allemagne parce que leurs passeports n'étaient pas en règle.

À Montréal, les journaux de langue anglaise emboîtent le pas au *Globe & Mail*. Prenant ses distances par rapport à des hommes condamnés pour trahison, *The Standard* calcule que la démonstration de leur passé sans tache n'a pas été faite. De plus, le cabinet fédéral doit clarifier sa position face aux sauf-conduits accordés. Même son de cloche du côté du *Star* qui exige l'ouverture des livres. *The Gazette* discerne un manque de transparence dans le processus démocratique et une entreprise de manipulation. Enfin, *The Herald* s'interroge sur tout le côté mystérieux et secret entourant ces pratiques[2].

Du même souffle, *The Herald* entame une série de trois articles sur la Milice en France afin de bien faire comprendre la différence entre celle-ci et l'armée de réserve canadienne qui porte pourtant le même nom. Pour ce faire, il invite un membre de la Résistance française établi à Montréal et médaillé de la Résistance à faire part de ses expériences. Ce dernier (il s'agit peut-être de Jokelson ou de Michel Pichard) décrit le combat des résistants contre la Milice et les tortures pratiquées par cette dernière sous l'Occupation. Enfin, l'ancien résistant mentionne le rôle joué par Vichy dans la violence faite aux Juifs.

La divulgation des arrêtés en conseil provoque dans la presse canadienne-française, prise dans son

2. *The Standard*, 16 octobre 1948; *The Star*, 18 octobre 1948; *The Gazette*, 19 octobre 1948; *The Herald*, 20 octobre 1948.

ensemble, une tout autre réaction. À compter de ce moment, on observe un détournement du débat. Deux dimensions, en fait, viennent s'ajouter à ce branle-bas médiatique. D'une part, l'affaire qui se joue par histoire interposée se rapproche d'Ottawa et capte l'attention des journaux de l'ensemble du pays. D'autre part, la controverse dévie à partir du 15 octobre vers une confrontation déjà vue: l'antagonisme entre les deux principaux groupes linguistiques. Les éditorialistes canadiens-français effectuent le virage.

Quelques jours après la découverte des arrêtés ministériels, soit le 19 octobre, Alonzo Cinq-Mars écrit dans *La Patrie*:

> Tout ce bruit qui se fait autour des réfugiés français qui nous sont arrivés est aussi de nature à nuire aux autres citoyens français, anciens partisans du gouvernement de Vichy, qui pourraient désirer s'établir dans notre pays. Il en reste en effet beaucoup.

La même journée, le directeur du *Montréal-Matin*, Roger Duhamel, vient à la rescousse cette fois du gouvernement fédéral et loue son geste à l'égard des quatre Français. L'agitation autour des arrêtés ministériels s'inscrit, selon lui, dans «une nouvelle crise de nerfs des ennemis du maréchal Pétain et du régime de Vichy». Plus encore, la guerre entreprise par la presse de langue anglaise avec, en tête de peloton, *The Globe & Mail*, confirme, écrit-il, une «nouvelle manifestation de fanatisme antifrançais». L'accusation est lancée et *Le Devoir* la fera sienne et même la développera.

Quant à André Laurendeau, éditorialiste au *Devoir*, il voit juste en désignant le tapage autour des quatre réfugiés comme une réponse indirecte, mais flagrante, à la campagne soulevée le mois précédent autour du comte de Bernonville. Toutefois, il esquive le fond du problème en disant qu'il pourrait s'agir également d'une «réplique à l'attitude nouvelle du gouvernement vis-à-vis des immigrants français[3]».

Depuis peu, en effet, les Français sont admis au Canada suivant les mêmes procédures administratives que les citoyens du Commonwealth britannique. C'est en rapport avec ce contexte que se construit la démonstration de Laurendeau. Selon lui, des fonctionnaires francophobes, de connivence avec une presse anglophone de même réputation, ont divulgué l'information sur les arrêtés ministériels par frustration face à l'adoption des nouvelles politiques en matière d'immigration. Pourtant, affirme l'éditorialiste, nous sommes en présence non de collaborateurs, mais de fonctionnaires du régime Pétain, régime alors reconnu.

Le détournement au profit de la cause nationaliste est consacré. Le lien tissé entre l'affaire des collaborateurs et l'attitude d'une administration effectivement très *british* et imbue d'un idéal anglo-saxon fort peu sensible aux francophones va faire long feu. La nouvelle approche fournira une argumentation plus fine et d'un calibre supérieur à la rhétorique de Rumilly.

Deux jours plus tard, le 20 octobre, dans un long éditorial, Gérard Filion abonde dans le même sens. Le directeur du *Devoir* prédit qu'à l'avenir les Français débarquant au Canada seront tous suspects de nazisme ou de communisme aux yeux du personnel de l'Immigration et de la presse de langue anglaise. C'est ainsi, ajoute-t-il, que l'on entend bloquer l'entrée des Français au Canada. Filion lance enfin cet avertissement:

> Si le Canada refuse le droit d'asile à des personnes traquées pour leurs opinions politiques, ce sera la preuve que la civilisation et la charité chrétienne n'ont pas fait de progrès avec la dernière guerre…

3. *Le Devoir*, 18 octobre 1948.

Le Devoir laissera passer quelques jours et reviendra, le 22, sur cette affaire sous la plume de Paul Sauriol, qui finalement conclut que la campagne menée par la presse de langue anglaise contre l'admission des quatre réfugiés français «s'inspire d'un racisme qui s'affiche de plus en plus». En tout et pour tout, le quotidien s'en sera pris, outre à la presse anglaise et à la bureaucratie, à la Légion canadienne, à la CCF et à la section du Québec du Parti communiste. Tous s'étaient prononcés ou avaient agi contre Bernonville.

L'agitation entre partisans et adversaires des collaborateurs au Québec entraîne certaines institutions à prendre leurs distances face à tout ce bruit. Catherine de Bernonville est ainsi renvoyée temporairement du collège Marie-de-France. De façon peu convaincante, le conseil d'administration invoque les risques de tuberculose décelés dans la famille pour suspendre cette élève. Le 21 octobre, sous le pseudonyme d'Hippocrate, grand médecin de l'Antiquité, un chroniqueur anonyme du *Devoir* tourne ce motif en dérision.

La presse libérale de langue française demeure, quant à elle, seule dans le combat contre les présumés collaborateurs. En tête de liste figure *Le Canada*, premier journal avec *The Globe & Mail* à avoir révélé le 15 octobre l'existence d'arrêtés en conseil secrets.

Se désolant de voir les quatre Français rester au pays, l'organe officiel du Parti libéral adopte momentanément une position l'éloignant du pouvoir à Ottawa. Ce sont, en effet, les libéraux après tout qui sont responsables de la signature des décrets.

Le 21 octobre, le journal met en garde ses compatriotes du risque de salir la réputation de l'ensemble du Canada français si l'on persiste à vouloir donner asile à ces fugitifs. «Trois millions et demi de Canadiens français auraient à payer, en Amérique du Nord, par l'accusation de "fasciste" le vœu qu'on a émis de garder dans

Québec une demi-douzaine de cas suspects.» Ceux-ci demeureront tout de même au pays. Le gouvernement fédéral s'en tiendra, même dans les pires moments de la tempête, à la décision des ministres prise en septembre 1948. Il est vrai que les quatre autres ne traînaient pas un passé collaborationniste aussi voyant et incontournable que celui de Jacques de Bernonville.

Jokelson pris en filature

Les soupçons sur l'identité du responsable de la fuite des informations vont rapidement se porter sur Jokelson. Le 17 octobre, *Le Petit Journal* qui, avec *The Standard*, avait publié un mois plus tôt les photostats du mandat d'arrestation contre Bernonville brûle sa source. «Or tout nous porte à croire, annonce la rédaction, que c'est un Juif du nom de J. établi depuis quelque temps à Montréal où il dirige une compagnie d'exportation qui serait l'auteur de la dénonciation du comte de Bernonville[4].»

Dans les mêmes jours, une note confidentielle parvient à un haut responsable de la sécurité publique au Québec. Non adressé, non signé, le message est vraisemblablement destiné à Hilaire Beauregard, grand patron de la Police provinciale. En tout cas, l'identité de l'auteur de ce mémorandum ne fait aucun doute. Il s'agit du maire de Montréal, Camillien Houde.

Houde fait part au directeur de police de la réception, par Bernonville, d'un petit cercueil accompagné d'une menace de mort. Selon le comte, l'envoi provient sûrement de Jokelson, représentant de la maison Drey-

4. *Le Petit Journal*, 17 octobre 1948. Ce journal avait publié le 12 septembre la copie de documents exposant les motifs de Paris pour mettre la main sur Bernonville. Du côté anglophone, *The Standard* en avait fait de même le 11 septembre.

fus. Jokelson, poursuit le maire, serait celui qui aurait procuré au gouvernement d'Ottawa et même à l'ambassade française à Ottawa toute la documentation publiée dans les journaux à propos de Jacques de Bernonville.

Il faudrait, déclare le maire, trouver le moyen d'incriminer cet individu. Après tout, insinue-t-il, l'appartenance de Jokelson à une entreprise possédant des bureaux dans toutes les villes du monde peut constituer une excellente couverture pour des informateurs de la police française.

> Voudras-tu soumettre le cas, comme je te l'ai demandé plus haut, à qui de droit et si tu recevais une directive qui te permettrait de faire faire enquête au sujet des activités de ce triste individu, peut-être pourrais-tu retracer qu'il a envoyé une menace de mort, déguisée peut-être, mais tout de même une menace de mort[5]...

Sur un ton entendu, Camillien Houde justifie sa démarche auprès de cet officiel en faisant valoir les difficultés pour lui de passer directement par ses propres services de police. Ses pouvoirs actuels, déplore-t-il, ne lui permettent pas, pour l'instant, d'ordonner à son chef de police l'ouverture d'une enquête. Et il conclut:

> Par conséquent, je m'adresse à toi comme à ma dernière planche de salut pour protéger ce pauvre de Bernonville au moins durant son procès et jusqu'à ce qu'il soit jugé. Quant à moi, si l'on m'envoie un cercueil, laisse faire, je pense que je pourrai le retracer moi-même tout seul.

La suite de cette histoire devient difficilement retraçable. On trouve cependant, dans les papiers du fonds Rumilly à Montréal, une note éclairante, bien qu'elle soit encore une fois non signée. Hilaire Beauregard,

5. Note confidentielle de Camillien Houde à un dirigeant de la Police provinciale, automne de 1948 (RR; ANQ; 14).

indique le mémo, aurait mis un détective en charge de l'escouade anticommuniste sur la piste de Jokelson. Une fois les résultats de l'enquête connus, le dirigeant de la Police provinciale devait en faire part aux intéressés[6].

Aucune extradition demandée

Informé par Jokelson et d'autres de la présence de Jacques de Bernonville au Canada, le corps diplomatique français a eu, au cours de cette affaire, une attitude ambivalente.

Au sein même du consulat à Montréal, il semble y avoir eu divergence de vues entre le consul Ernest Triat — qui ne manquait jamais d'inviter le comte de Bernonville à ses réceptions mondaines — et le vice-consul Pierre Gabard. Rumilly est informé de la position de Gabard par un jeune étudiant, Jean-Marc Léger, qui connaît bien Chantal, l'une des filles de Jacques de Bernonville. Sympathique à la cause des Bernonville et désireux d'aider cette famille, Léger rend compte le 5 octobre à l'historien des propos de Gabard à l'un de ses collègues.

Au cours d'une rencontre, le vice-consul de France à Montréal aurait tracé un portrait terrible de Bernonville «l'accusant de crimes et d'exécutions tous plus horribles les uns que les autres[7]». L'étudiant présente ces faits à Rumilly en soumettant que ce dernier pourrait peut-être demander au vice-consul «d'étayer un peu ses avancés pour le moins gratuits».

À Ottawa, la consigne du silence a prévalu pendant les six premières semaines au sein de l'ambassade fran-

6. Notes non signées (de Robert Rumilly ou de Jacques de Bernonville) datées du 25 octobre 1948 (RR; ANQ; 14).
7. Lettre de Jean-Marc Léger à Robert Rumilly, le 5 octobre 1948 (RR; ANQ; 8).

çaise relativement à cette affaire. L'ambassadeur Francisque Gay, nommé moins d'un an auparavant par le président Vincent Auriol, est un catholique, ce qui n'est naturellement pas pour déplaire, inspiré du mouvement Le Sillon de Marc Sangnier. Journaliste dans l'âme plus que diplomate, Francisque Gay a pour lui d'avoir été membre de la Résistance et contre lui, de porter un nom qui prêtera flanc à toutes sortes de calembours.

Le 20 octobre, l'ambassadeur sort de son mutisme et déclare à la surprise générale que, non, la France n'a jamais demandé l'extradition de qui que ce soit au Canada. Plus surprenant encore, il lance un appel à la bonne volonté des fugitifs et les invite à rentrer de leur gré au pays où ils sont assurés d'un nouveau procès.

Le lendemain, celui-ci quitte Ottawa pour se rendre à Montréal à l'hôtel Windsor où, fait assez inusité, il donne une conférence de presse devant une cinquantaine de journalistes. Là, il renouvelle la position du gouvernement français qui n'a jamais, affirme-t-il, demandé l'extradition. Mais surtout, l'ancien résistant se porte à la défense du système judiciaire de son pays, attaqué de toutes parts par la presse canadienne-française. Il livre alors un vibrant plaidoyer, cherchant à démontrer que la justice rendue en France est bel et bien saine.

Interrogé sur les motifs de l'absence de requête du gouvernement français, Francisque Gay décoche cette flèche à l'adresse de la presse montréalaise. Par la même occasion, l'ambassadeur fournit peut-être, en partie, la clé de l'explication du silence de Paris:

> Je vais vous faire une confidence. Il n'y eut même pas une note échangée entre mon gouvernement et l'ambassade à ce sujet. Le climat ne se prête guère à des demandes d'extradition, surtout depuis la campagne entreprise par la presse montréalaise[8]...

8. *Montréal-Matin*, 22 octobre 1948.

L'entrée en scène de l'ambassadeur Gay échaude à nouveau les esprits. Le jour même de sa première intervention, un résidant de Montréal, Alvarez Tousignant, lui adresse une lettre personnelle au ton intimidant. Dans son réquisitoire, Tousignant accuse le diplomate d'oublier toute charité chrétienne et de manigancer en sous-main avec de tristes personnages dans le but de nuire au comte de Bernonville. Furieux, il termine sa lettre en le critiquant vertement pour avoir proféré le mot *collaborateurs* à l'endroit des Français mis en cause. «Parler de collaborateurs, au Canada, quand il s'agit de gens qui ont courageusement servi leur gouvernement légal reconnu d'ailleurs par notre pays, est absolument odieux[9].»

Roger Duhamel dans le *Montréal-Matin* met en doute les convictions de Gay résistant sous l'Occupation. Il laisse entendre que l'ambassadeur aurait pratiqué le double jeu durant cette période mais, maniant le sarcasme, ne l'en blâme pas pour autant. Décidément de mauvaise foi, le directeur du quotidien y voit plutôt un geste le rangeant aux côtés d'un grand patriote qui a lui aussi agi de même, un certain Philippe Pétain.

À Mégantic, loin de l'épicentre montréalais, Jean Tavernier ne croit pas aux affirmations «douceâtres» de l'ambassadeur. Pour l'éditorialiste du *Mégantic*, «les tribunaux d'épuration ont tué trop de vrais Français, dont le seul tort était et demeure leur anticommunisme notoire[10]».

En France, l'hebdomadaire *Samedi-Soir* s'offre une pinte de bon sang en rapportant les tribulations de l'ambassadeur Gay au Canada. Désignant Bernonville comme «l'homme le plus troué de France» en raison de

9. Lettre d'Alvarez Tousignant à Francisque Gay, le 20 octobre 1948 (RR; ANQ; 14).
10. *Le Mégantic*, 4 novembre 1948.

ses blessures de guerre, le journal raconte la levée de boucliers au Canada français afin de venir à sa défense. Il n'y a plus rien à espérer maintenant, affirme *Samedi-Soir* dans sa livraison du 27 novembre, avec le renoncement de la France à exiger son extradition. En conséquence, les «dames patronesses et végétariennes de la province de Québec peuvent dormir tranquilles». Les trois millions de Canadiens français peuvent bien le garder, leur héros traqué.

D'autres journaux, tels *L'Aurore* et *Le Populaire,* trouvent l'histoire moins drôle et sont même sidérés devant l'attitude du maire Camillien Houde. Jusqu'alors, le quotidien *Le Monde* s'est contenté d'entrefilets sur cette affaire. Le 4 novembre, il présente une chronique signée de la main d'un expert connaissant bien le Canada pour y avoir séjourné. Ce gaulliste n'ignore pas, car il l'a vécue de près, la profondeur des attaches pétainistes au pays de Menaud. Il en a eu l'expérience au cours de la guerre alors qu'il enseignait la littérature française à l'Université Laval de Québec. Auguste Viatte, l'ancien professeur de Marcel Trudel, est donc l'homme tout désigné pour expliquer aux lecteurs français les événements se déroulant outre-Atlantique.

Celui-ci cherche tout d'abord à expliquer l'attitude de ses amis canadiens-français. Il donne ainsi un certain crédit à la thèse avancée par Laurendeau et d'autres et accepte de voir, en partie, dans cette affaire une chicane intérieure, mais en partie seulement. Aussi l'auteur de la chronique regrette-t-il «qu'en vue de soulever l'émotion des foules à leurs fins propres, quelques agitateurs aient ainsi traîné et sali gratuitement la France dans leurs querelles». C'est le fait, estime-t-il, de quelques vichystes bruyants n'ayant pas pardonné à la Résistance et aux Alliés leur échec. Et Auguste Viatte d'expliquer:

> Il faut le savoir, certains factums haineux publiés sur les rives du Saint-Laurent ne le cèdent en rien à ce qu'ont imprimé de pire Berlin ou Rome aux plus beaux temps de l'Axe; mais ils ne méritent qu'un haussement d'épaules, et l'on aurait tort de croire qu'ils traduisent autre chose qu'un clan restreint.

L'ancien professeur de Québec pense-t-il à Rumilly lorsqu'il écrit ces phrases? Peut-être que oui. Fait certain, ce dernier va se charger de lui donner raison dans les semaines suivantes, si ce n'est pas encore chose faite.

«La France, un immense pénitencier»

Le 20 novembre 1948, exactement un mois après la première sortie de l'ambassadeur Gay, Robert Rumilly prononce un discours destiné à donner la réplique à la version du diplomate français. Par la même occasion, il s'agit d'apporter de l'eau au moulin à la défense de Jacques de Bernonville. Les adversaires de l'ancien chef milicien étant également ceux de Rumilly, ces derniers feront l'objet d'une attaque en règle de la part du conférencier.

Ce jour-là donc, devant la chambre de commerce des jeunes de Montréal, l'auteur de l'*Histoire de la province de Québec* se transforme en un virulent polémiste. Il commence tout d'abord par traiter l'ambassadeur de France de «pieux menteur». Cela fait, Rumilly poursuit: «La France, affirme-t-il, est un immense pénitencier. L'élite de la France est au bagne, en commençant par le maréchal Pétain, les amiraux, des généraux, des prêtres, des savants, des artistes et des écrivains[11].»

L'épuration a consisté, pour ce dernier, en une vaste opération vouée à décimer l'élite anticommuniste.

11. *Le Devoir*, 22 novembre 1948.

«Je demande, poursuit Rumilly, l'amnistie, au nom de la presque totalité des Canadiens français, pour les 40 000 Français condamnés à la mort lente[12]...»

Trois sortes de maquis ont composé la Résistance, selon lui: le maquis militaire qui peut toujours s'expliquer, estime-t-il, et puis les autres: le maquis communiste et le maquis terroriste. En fait, ces deux derniers groupes sont plutôt amalgamés au sein de la Résistance. Et puis, le banditisme y a également proliféré. Les résistants, des terroristes? On croirait entendre à nouveau la voix du secrétaire d'État à l'Information sous Vichy, feu Philippe Henriot.

Une semaine plus tard, le conférencier se rend à Québec, au palais Montcalm, et redit, devant le mouvement nationaliste des Jeunes laurentiens, tout le mal qu'il pense de la Résistance et de l'épuration. Dans un même paquet, il ficelle communisme, terrorisme et judaïsme[13]. Les maquis rouges, dénonce-t-il, ont infligé des tortures «dont la sauvagerie dépasse toute expression[14]».

Son allocution intitulée «La vérité sur la Résistance et l'épuration en France» est rapidement publiée sur plusieurs pages dans *L'Action catholique*. Philippe Hamel se charge des arrangements. Ce dernier, voulant par ailleurs créer une «atmosphère», décide d'investir afin de distribuer sous forme de brochure le texte ayant servi à la conférence. La presse française de droite y fera également écho.

Au lendemain de la première conférence de Rumilly à Montréal, Jean-Marie Poirier du quotidien *La Presse* lui écrit en se présentant comme neutre, c'est-

12. *Montréal-Matin*, 22 novembre 1948.
13. Lettre de D. Kirshnblatt à Saul Hayes, le 1er décembre 1948 (DB; ACJC).
14. Texte de la conférence «La vérité sur la Résistance et l'épuration» de Robert Rumilly donnée devant les Jeunes laurentiens au palais Montcalm le 29 novembre 1948 (RR; ANQ; 17).

à-dire ni pétainiste ni gaulliste, mais en quête de la vérité au sujet de l'épuration. «Et il me semble, depuis samedi, qu'elle est de votre côté, cette vérité[15].» Et il termine en ajoutant: «Les journalistes sont toujours sympathiques à la vérité.»

L'ex-religieux français Louis Even, directeur du journal *Vers demain*, se hâte de féliciter l'auteur «pour une conférence à la fois si hardie et si documentée[16]». Un véritable religieux cette fois, le chanoine Panneton du monastère du Précieux-Sang à Trois-Rivières, le félicite également et prie Dieu de le bénir pour son zèle à défendre la vérité[17].

De Trois-Rivières toujours, un autre correspondant lui écrit, mais cette fois pour lui reprocher son attaque contre la Résistance. Raymond Prayal, Français résidant maintenant au Canada, lui rappelle que la Résistance a constitué un élan national. Rumilly, affirme-t-il, aide présentement les communistes en France en leur donnant tout le crédit de ce combat[18].

Le journaliste Gérard Pelletier l'apostrophe à son tour dans *Le Devoir* du 27 novembre en lui reprochant ses oublis volontaires. «N'en déplaise à M. Robert Rumilly, écrit-il, grand conférencier devant Jéhovah, les tiroirs commodes où il enfermait l'autre soir la Résistance française débordent singulièrement.» Pelletier lui rappelle que parmi les membres de la Résistance figuraient également des chrétiens. «Votre démonstration, enchaîne le journaliste, sent l'huile et le préjugé conservateur...»

15. Lettre de Jean-Marie Poirier à Robert Rumilly, le 22 novembre 1948 (RR; ANQ; 8).
16. Lettre de Louis Even à Robert Rumilly, le 2 décembre 1948 (RR; ANQ; 8).
17. Lettre du chanoine Panneton, monastère du Précieux-Sang (Trois-Rivières) à Robert Rumilly, le 16 mars 1949 (RR; ANQ; 17).
18. Lettre de Raymond Prayal à Robert Rumilly, le 4 décembre 1948 (RR; ANQ; 8).

Dans *Le Soleil* de Québec, Eugène L'Heureux parle, le 11 décembre, de «l'écœurante conférence» donnée dans la capitale quelques jours avant. «Il ne s'agit pas d'une simple interprétation erronée, ni d'un fait difficile à vérifier, mais bel et bien d'un mensonge en bonne et due forme.»

La conférence de Rumilly à Québec fait également sursauter l'archevêché de Québec. L'épiscopat trouve décidément que cette fois l'historien dépasse les bornes. Une mise au point s'impose, non pas en raison de ses propos sur la Résistance et l'épuration, mais pour tout autre chose. Devant les Jeunes laurentiens, le pamphlétaire a égratigné au passage l'émissaire gaulliste Thierry d'Argenlieu. Par ricochet, l'attaque écorche du même coup la mémoire du cardinal Villeneuve décédé récemment. Dans un communiqué, l'archevêché rappelle les bonnes relations entretenues au cours de la guerre entre l'ancien archevêque de Québec et l'envoyé du général de Gaulle.

Le Clairon de Saint-Hyacinthe, propriété de l'anticlérical Télesphore-Damien Bouchard, dénonce aussi le 3 décembre la conférence de Rumilly par la voix d'un journaliste français, Jacques Bernières, alors de passage au Québec:

> En bref, pour vous citer: «La France est un immense pénitencier: l'élite de la France, ces pourvoyeurs de geôles allemandes, ces mouchards, ces brutes des rues Lauriston et autres, qui non seulement dénonçaient leurs compatriotes, mais leur faisaient subir les pires tortures? L'élite de la France, ces journalistes apeurés ou arrivistes vendant leur prose aux occupants? L'élite de la France, ces politiciens sans opinion faisant des courbettes aux maîtres de l'heure? [...] Qui êtes-vous, Monsieur, pour vous permettre de jeter de la boue à ces faces torturées et tenter de salir d'authentiques héros.

Un militaire canadien, le major Pierre Meunier, s'en prend lui aussi, lors d'une allocution, à la version mise de l'avant par Rumilly et Bernonville. Ayant lui-même participé à une mission britannique d'assistance au maquis français, il ne craint pas de contredire formellement ses détracteurs. Il ajoute: «Le plus regrettable, dans toute cette affaire, ce n'est pas que Bernonville ait pu trouver asile au Canada, mais c'est qu'il ait réussi aussi facilement à trouver des bailleurs de fonds[19].»

Ce point de vue n'est pas partagé par la majorité des correspondants d'outre-mer de Rumilly. La publication en France du compte rendu de la conférence dans la presse de droite et surtout sa mise en brochure accroissent l'audience du polémiste de Montréal. Philippe Hamel, Camillien Houde et lui-même reçoivent des centaines de lettres louangeuses.

Par exemple, des bords du fleuve Congo à Brazzaville, en Afrique équatoriale française, un fugitif français fait parvenir ses félicitations à Rumilly:

> Et il a fallu que ce soit au Canada, dans ce morceau de France américaine, que se fasse entendre une voix forte, la vôtre Monsieur, et quelle voix, pour dire ce qu'il fallait dire sur la collaboration, sur la Résistance, sur l'épuration, et pour écraser les misérables cafards comme Francisque Gay[20].

Quelques mois plus tard, son admirateur s'adresse à nouveau à lui et le conforte dans sa vision qu'il entretient du Canada français. D'Afrique, il lui écrit:

> Nous, nationalistes, sommes très près des Canadiens, eux, parce qu'ils n'ont jamais perdu le véritable esprit français, nous parce que nous l'avons retrouvé grâce à un maître vénéré, j'ai nommé Charles Maurras[21].

19. *La Patrie*, 7 décembre 1948.
20. Lettre de R. Pajot (Brazzaville, A.-É. F.) à Robert Rumilly, le 6 mars 1949 (RR; ANQ; 17).
21. Lettre de R. Pajot (Brazzaville, A.-É. F.) à Robert Rumilly, le 18 juillet 1949 (RR; ANQ; 17).

Du Maroc, un correspondant applaudit à l'action d'Hamel et de Rumilly et dit suivre de près ce qui se passe:

> Le Canada français, aux yeux de notre élite, est aujourd'hui l'image de ce que la vieille métropole aurait dû être si elle avait suivi sa vocation de fille aînée de l'Église sous l'autorité de nos Rois [...]. C'est vous Franco-Canadiens qui assurez d'ores et déjà la relève[22].

Un eudiste français, en contact soutenu avec des membres de sa communauté établis à Laval-des-Rapides près de Montréal, transmet par un de ces derniers ses bons vœux à Rumilly. De Rennes, en Bretagne, le père Jean-Baptiste Jégo exprime ce 28 novembre 1948 le fond de sa pensée à propos de la nouvelle République.

> Merci de ce que vous me dites de Gay-la-Barbiche [...]. C'est un pauvre type comme tous les démocrates sionistes [...]. Misère de République. Je souhaite sa mort avec tant de ferveur que je suis en train de supprimer le tabac pour la faire gueuser un peu plus tôt. C'est une garce depuis le berceau[23].

Il sera toujours dans ces dispositions un an plus tard et en voudra encore à l'ambassadeur Gay pour avoir défendu les cours de justice françaises. «Il a du culot votre Francisque d'aller vous dire du bien de nos Tribunaux de Libération. On ne les appelle plus ici que des "Cours d'Injustice"[24].»

22. Lettre d'E. Marcy (Témara, Maroc) à Philippe Hamel, le 23 décembre 1949 (RR; ANQ; 8).
23. Lettre du père Jean-Baptiste Jégo, eudiste de Rennes (France), à Joseph Le Lannic, eudiste de Laval-des-Rapides, près de Montréal, le 28 novembre 1948 (RR; ANQ; 17).
24. Lettre du père Jean-Baptiste Jégo, probablement à Joseph Le Lannic, le 23 décembre 1949 (RR; ANQ; 17).

Un autre religieux français, le père Hervé Le Lay, du séminaire du Saint-Esprit de Chevilly-Larue, s'inscrit dans la même veine:

> Monsieur, continuez à préserver nos chers frères du Canada français des mortels principes révolutionnaires. Je prie avec ferveur pour vous, demandant au Dieu des armées de vous inspirer et de vous fortifier dans la défense du Canada catholique, français, latin afin qu'il accomplisse le rôle que Dieu lui a confié dans l'édification du corps mystique de Jésus-Christ[25].

De Lyon où il dit se terrer, un certain Reynaud écrit, confiant ne pouvoir donner ni son adresse ni son prénom à cause des «mouchards[26]», mais affirmant que Reynaud est son véritable nom. Tout au cours de l'affaire Bernonville, Reynaud rédigera de nombreuses lettres en faveur du comte et appellera à la rescousse les Canadiens français afin de libérer Pétain. Elles empruntent toutes le même ton hargneux.

L'éventail des partisans de Rumilly est large. Un journaliste français qui dit avoir participé au raid de Dieppe aux côtés des Canadiens français donne son point de vue sur les intentions politiques des combattants des Forces françaises de l'intérieur (FFI). Ex-membre de ces dernières et nationaliste maurrassien, Pierre-Charles Boccador, de Hauteville, réclame la libération de Pétain:

> Il faut que l'on sache que la grande majorité des Vrais combattants, de ceux qui ont gagné péniblement quelques galons et quelques rubans dans les FFI étaient partis sans but politique et pour se battre contre le Boche. [...] Malheureusement les plus braves sont

25. Lettre du père Hervé Le Lay, du séminaire du Saint-Esprit (Chevilly-Larue, France), à Robert Rumilly, le 8 juillet 1949 (RR; ANQ; 17).
26. Lettre de Reynaud, Lyon, à Camillien Houde, le 31 janvier 1949 (RR; ANQ; 17).

> morts. Remplacés autour du général de Gaulle par une clique de politiciens et de «Juifs», mercenaires politiques des partis en faillite[27]!

«Une province nazie de langue française: le Québec»

Tout au long de l'affaire Bernonville, les représentants de la communauté juive du Québec suivront l'histoire de près. Ils interviendront cependant très peu sur la place publique. Cette attitude découle en grande partie d'une crainte de voir leur entrée en scène provoquer un ressac dans les politiques d'immigration.

Les auteurs Irving Abella et Harold Troper ont bien montré dans un livre qui a fait date[28] comment le Canada, durant quinze ans, soit de 1933 à 1948, a littéralement fermé ses portes à l'immigration juive. L'année du déclenchement de l'affaire Bernonville coïncide avec un certain relâchement de ces politiques restrictives. Il est cependant encore trop tôt pour crier victoire et les dirigeants de cette communauté veulent à tout prix éviter les vagues nuisibles.

Ils avaient peut-être raison. Le 22 octobre 1948, le Montreal Jewish Youth Council, une association regroupant les jeunes Juifs de la métropole, proteste contre la sollicitude particulière du gouvernement fédéral dans le dossier des collaborateurs. Plusieurs de nos coreligionnaires, déclarent-ils, ont trouvé la mort aux mains de ces derniers. Ces hommes doivent retourner en France faire face à la justice.

---

27. Lettre de Pierre-Charles Boccador (Hauteville, France), à Robert Rumilly, le 7 novembre 1949 (RR; ANQ; 13).
28. Irving Abella et Harold Troper, *None is too many*, Toronto, Lester and Orpen Dennys, 1983.

Aussitôt, une mystérieuse association, l'Ordre des Canadiens de naissance, fait son entrée dans le débat en dénonçant tous ceux qui s'opposent à Bernonville, de l'ambassadeur Gay à la Légion canadienne, en passant par l'association des jeunes Juifs de Montréal. Le 29 octobre, le *Montréal-Matin* et *La Patrie* publient une déclaration fracassante:

> Le conseil suggère qu'on suspende, pour trois mois, le paiement des pensions aux légionnaires et qu'on déporte les jeunes Hébreux comme agents de Moscou, pour leur acte de déloyauté.

L'hostilité envers la minorité juive est d'ailleurs partagée par certains animateurs officiels du mouvement pro-Bernonville. Rumilly figure bien sûr en tête de liste, mais d'autres également, tel Philippe Hamel. Cherchant à convaincre un ami de lutter à ses côtés pour Bernonville, le dentiste de Québec lui trace sa propre feuille de route des batailles menées jusque-là:

> Depuis vingt ans, je lutte sans jamais rencontrer dans la classe instruite l'appui nécessaire pour endiguer ce qui nous menace toujours de plus en plus. À peu près partout, on trouve cette peur de déplaire aux puissants ou d'engager le combat avec eux. La minorité juive moins craintive manifeste son opinion ouvertement et sournoisement nous fait la lutte, secondée par une franc-maçonnerie fort agissante[29].

Toutefois, cette animosité se manifeste moins en public qu'avant la guerre. À l'occasion de l'affaire Bernonville, une recension en est faite par des responsables du Congrès juif canadien à Montréal. Ceux-ci craignent de voir se réactiver la poussée de fièvre des années trente contre leur communauté.

29. Lettre de Philippe Hamel au Dr Pierre Jobidon, le 22 novembre 1948 (RR; ANQ; 8).

On note ainsi les déclarations du magazine antisémite *L'Œil*. Le périodique (dont la parution devient de plus en plus irrégulière) impute les difficultés de Bernonville au triumvirat communiste-juif-franc-maçons[30].

Le premier cependant à s'être lancé dans les insinuations antisémites a été, selon eux, le député nationaliste René Chaloult. Si Bernonville avait porté le nom de «Bernondsky» avait prétendu Chaloult, les obstacles à son séjour permanent au Canada auraient été moindres. Jean Bonnel parlera également des Juifs comme étant à l'origine des difficultés du comte. Cependant, et c'est peut-être significatif, l'industriel démentira par la suite avoir tenu ces propos, alléguant qu'on l'a mal cité. Enfin, les déclarations antisémites de Rumilly, lors de ses conférences, sont également relevées.

Dans le but de connaître le véritable passé de Jacques de Bernonville, les dirigeants juifs font appel à d'autres organismes, telle la ligue B'nai B'rith à New York, ou à des personnalités juives bien connues en France. De Paris, André Chouraqui répond de manière très prudente à David Rome et lui fait part du peu qu'il a glané sur Bernonville.

La moisson est plus riche du côté du Conseil représentatif des Juifs de France (CRIF). Là, l'affaire est suivie avec intérêt et un certain émoi. Ses dirigeants français portent à la connaissance de leurs compatriotes canadiens un article paru à ce sujet dans la revue *Action* du 6 novembre 1948. Le texte n'a pas nécessairement été produit par eux mais ils semblent y donner foi.

Le titre excessivement provocateur, révèle néanmoins l'émotion suscitée outre-Atlantique face à un

30. Mémorandum de D. Kirshnblatt à Saul Hayes, le 8 décembre 1948 (DB; ACJC).

mouvement organisé au Québec pour la défense d'un collaborateur. Il s'intitule «Une province nazie de langue française: le Québec[31]».

«Ici Radio-Nationale d'Espagne»

Plus au sud, dans l'Espagne de Franco, les événements du Québec sont plutôt de nature à plaire. De Barcelone où il entend demeurer pour l'instant, l'ancien consul général de France pour Vichy, Pierre Héricourt, rend hommage à l'auteur de la conférence sur l'épuration et la Résistance. Dans une lettre datée du 11 janvier 1949[32], Héricourt en profite pour demander l'adresse de son vieil ami Jacques de Bernonville. Il informe également Hamel et Rumilly de son intention d'écouter, le soir même, une intéressante causerie radiophonique.

Quelques heures après avoir terminé ce billet, Héricourt se replonge en effet dans les péripéties de son compatriote au Québec. Il règle la fréquence de son poste de radio et se met à l'écoute d'une émission produite par des Français, pour des Français, mais réalisée en Espagne. Conçue par Radio-Nationale d'Espagne, elle doit franchir les Pyrénées, destinée à la population de France. Ce soir, cependant, il n'est question ni de France ni d'Espagne, mais bien du Canada.

Le chroniqueur Pierre Desjardins y décrit l'accueil fait aux épurés français à leur arrivée au Canada:

> Le Canada, comme l'Irlande, est un pays qui a le sens de l'honneur et des traditions chrétiennes d'hospitalité.

31. La mention de l'article de la revue *Action* du 6 novembre 1948 apparaît notamment dans un mémo du CRIF envoyé au Congrès juif à Montréal le 4 mai 1949 (DB; ACJC).
32. Lettre de Pierre Héricourt à Philippe Hamel, le 11 janvier 1949 (RR; ANQ; 17).

> Beaucoup de patriotes français pourchassés parce qu'ils avaient servi loyalement le Gouvernement légitime de leur pays, sous les ordres du maréchal Pétain, pendant les tristes années de 1940-1944 sont partis pour le Canada, afin d'essayer d'y recommencer une vie déjà longue. En général, ils ont été accueillis avec compréhension et affection par les Canadiens français, qui n'ont jamais confondu la France réelle, avec les membres d'une République provisoire[33].

Il rapporte également le combat de Philippe Hamel et de Rumilly contre l'ambassadeur Gay et cite Hamel déclarant que la «France est malade au point de ne plus reconnaître ses héros».

Le 22 février 1949, Radio-Nationale d'Espagne diffuse à nouveau une causerie sur l'affaire Bernonville. On y reprend notamment des extraits du pamphlet de Rumilly sur l'épuration et la Résistance. Sont particulièrement mis en relief «le rôle et l'influence, à la tête des maquis français, des rouges espagnols réfugiés dans le midi de la France depuis la victoire de Franco[34]...»

L'intérêt pour le Canada français va bientôt monter d'un cran dans les cercles d'anciens collaborateurs. Au moment même où les auditeurs de Radio-Nationale d'Espagne ont l'oreille appuyée contre leur poste de radio, certains de leurs compagnons de lutte au Canada se réjouissent d'un événement encore tout chaud. Pour tous ces gens, la nouvelle sera de nature à insuffler l'espoir. Depuis quelques heures en effet, à Montréal, un jugement important vient d'être rendu en faveur de leur compatriote Jacques de Bernonville.

33. Transcription d'une causerie radiophonique intitulée *Le Canada, terre d'indépendance et d'honneur*, chronique radiodiffusée par Radio-Nationale d'Espagne, le 11 janvier 1949 (RR; ANQ; 17).
34. Transcription d'une causerie radiodiffusée par Radio-Nationale d'Espagne, le 22 février 1949 (RR; ANQ; 17).

CHAPITRE VI

Un premier ministre entre deux feux

Aux ordres d'un gouvernement légitime

Depuis quelque temps, Bernonville et ses défenseurs piaffaient d'impatience en attendant le verdict de la Cour supérieure de Montréal. Ils appréhendaient le jugement, mais savaient pertinemment qu'il s'agissait là de leur unique planche de salut. Et puis, le risque en valait la peine. Une décision favorable annulerait alors l'ordre de déportation des fonctionnaires de l'Immigration. Cela sonnerait, par conséquent, la fin des inquiétudes et la possibilité pour le comte et sa famille de s'installer tranquillement au Canada.

À diverses occasions, au cours de l'automne, le gouvernement fédéral avait émis des signaux en leur direction, en vue de régler hors cour. Ottawa aurait bien voulu en finir le plus tôt possible avec tout ce tapage médiatique. Bernonville avait préféré continuer, espérant créer un précédent pouvant servir aux autres Français aux prises avec les mêmes problèmes.

Le 21 février 1949, le juge Louis Cousineau rend public son verdict. L'ordre de déportation, affirme le magistrat, est illégal. Et il va même plus loin. Il lave Bernonville de tout reproche concernant son passé. Dans son jugement, Louis Cousineau note la disparition soudaine du régime de Vichy à la fin de la guerre, mais sans commenter plus avant:

> Son témoignage indique clairement d'abord qu'il a toujours eu une conduite irréprochable et qu'il a fui son pays parce que, ayant rempli un rôle à la demande du chef légitime de la France, il était poursuivi, traqué et en danger de mort après que le gouvernement du maréchal Pétain (gouvernement reconnu par le Canada) était disparu et que le Maréchal lui-même était emprisonné. Il est donc évident que le requérant de Bernonville était un proscrit politique lorsqu'il est entré au Canada[1].

Le juge Cousineau ne s'offusque pas outre mesure de l'entrée illégale du comte de Bernonville au moyen de faux papiers. Le Canada, fait-il remarquer, a admis en plusieurs occasions des personnes débarquant sur ses bords sans aucune attestation d'identité. Il pense, notamment, à celles qui ont fui le régime soviétique.

Placée dans la même position, poursuit-il, la Grande-Bretagne aurait certainement donné asile à Bernonville. Ce pays a été, au cours des siècles, la terre de refuge de nombreux proscrits, notamment des prêtres catholiques échappant à la Révolution française. C'est là, conclut-il, une vérité historique.

Bernonville et sa famille exultent. Aussitôt, ce dernier griffonne un mot de remerciement à l'un de ses puissants protecteurs, le maire Camillien Houde. Le même jour, il reçoit les journalistes chez lui, à Montréal, au 5551 de la Côte-des-Neiges, à l'ombre de l'oratoire Saint-Joseph. L'endroit est dénommé par le groupe de Français libres le suivant à la trace «Au Petit Pétain[2]».

1. Verdict de la Cour supérieure de Montréal du juge Louis Cousineau, 21 février 1949 (RR; ANQ; 14).
2. Sur Côte-des-Neiges, Bernonville était voisin de palier de Jean Vinant, qui deviendra président de la Chambre de commerce France-Canada à Paris. C'était, dit-on, un pétainiste notoire et son frère Georges, président de la Chambre de commerce française à Montréal et importateur des

Jacques de Bernonville peut, cette fois-ci, sortir du silence dans lequel l'avaient enfermé les palabres autour de son procès. Sous le regard inquiet de sa femme, volontiers désireuse de mettre fin le plus rapidement possible à la conversation, il expose les motifs de sa venue au Canada. Toute sa vie, déclare-t-il, il a combattu pour l'ordre. Il se trouve que le Canada, selon lui, partage ses idées sociales. Et de poursuivre:

> Lorsque je suis parti de France, j'avais le choix entre quatre ou cinq pays où j'aurais pu me rendre avec l'assurance d'obtenir justice. J'ai voulu choisir le Canada parce que je crois que c'est un pays libre, démocratique et de tradition chrétienne[3]...

Les malheurs de la France, reprend-il, viennent de ce que les gens ont trop désobéi à l'autorité.

La journée, amorcée avec la victoire du jugement, fêtée par une litanie de confidences aux journalistes, ne se terminera pas de la même façon. Le soir, les projets canadiens de Jacques de Bernonville s'effondrent à nouveau. Au parlement d'Ottawa, le ministre MacKinnon, responsable du dossier de l'immigration, vient de balayer du revers de la main le verdict rendu à Montréal au cours de la matinée. Celui-ci annonce la constitution d'un second conseil d'enquête chargé de reconsidérer le cas de Jacques Dugé de Bernonville.

Le lendemain, la presse qui avait été hostile à Bernonville ne sait plus très bien si elle doit s'offusquer ou se réjouir, tellement la journée précédente a connu des

---

parfums Guerlain et de produits pharmaceutiques ne lui cédait en rien dans ce domaine. Avec le vice-président de cette Chambre, un dénommé Ducros, ils seront à la pointe des défenseurs de Bernonville. Ils allèrent jusqu'à utiliser la menace de renvois pour faire taire les opposants. Ces derniers œuvraient souvent par le truchement du journaliste Major du quotidien *La Presse*.

3. *Le Canada*, 22 février 1949.

rebondissements. Le journal montréalais *The Herald* applaudit à la décision du ministre de relancer l'affaire Bernonville. *The Gazette* s'attarde plutôt au jugement Cousineau dont le mandat a été largement outrepassé, estime-t-elle. Il n'incombait pas au juge de déterminer si Bernonville entrait dans la catégorie des réfugiés politiques. C'est pourtant ce qu'il a fait.

De son côté, le journal *Le Canada* est encore sous le choc du verdict Cousineau. Il s'agit, selon lui, d'une affaire révoltante. Rageur, l'éditorialiste du quotidien libéral pointe les vrais gagnants d'un tel procès. Ce sont:

> [...] les louches métèques qui ont osé prétendre que «la France n'est plus qu'un immense pénitencier» [...]. Triomphent les très sales crapules de la Kollaboration, fugitifs chez Franco et chez Peron.
>
> [...] il y a dans le déroulement extrajudiciaire de toute cette affaire un sabotage délibéré de nos buts de guerre, de nos principes démocratiques, de nos alliances avec de grandes nations[4].

L'attitude du gouvernement fédéral semble, à première vue, étonnante. Une décision lui permet enfin d'enterrer une affaire nuisible à la cohésion nationale et le voilà pourtant premier à relancer cette histoire.

Dans les officines du gouvernement à Ottawa, on en sait malheureusement trop. Officiellement à la tête du pays depuis le 15 novembre 1948, Louis Saint-Laurent se rend bien vite compte, en effet, des attentes diamétralement opposées des électeurs canadiens dans ce débat. Aussitôt investi du pouvoir, il se trouve placé au centre de ce qui ressemble étrangement à une «souque-à-la-corde».

Depuis l'automne, les lettres de nombreuses organisations canadiennes-anglaises n'ont cessé d'affluer sur son bureau. Elles protestent toutes contre la manière

---

4. *Ibid.*, 22 février 1949.

d'agir du gouvernement dans le dossier des présumés collaborateurs. La plupart réclament leur déportation.

Au premier rang de celles-ci, on relève une requête émanant de la Loyal Orange Association, Province of Ontario. L'hostilité sourde envers les Canadiens français trouve sans doute ici une voie de sortie présentable et pouvant facilement s'exprimer sous les dehors de la bonne conscience. Mais cette lettre ne représente pas fidèlement la majorité des messages envoyés à Saint-Laurent, principalement par des pasteurs anglicans scandalisés, des associations d'anciens combattants ontariens implorant justice, des universitaires manitobains choqués, des associations de charité et de défense des droits de l'homme et des organisations juives criant leur indignation de voir le gouvernement canadien fermer les yeux sur le passé des fugitifs français.

Les lettres expédiées à Saint-Laurent par des Canadiens français font entendre un tout autre son de cloche. Celle-ci, par exemple, est signée de Conrad Bérubé, un ardent partisan du maire de Montréal:

> J'aime beaucoup mieux avoir des gens de la trempe de M. de Bernonville que de toutes sortes d'immigrants que le Canada reçoit à tous les mois et qui viennent ici prendre nos places d'honneur et nous Canadiens qui sommes canadiens et non juifs communistes nous voulons une immigration saine et honnête[5].

Saint-Laurent est donc conscient du déchirement pouvant se produire en raison de cette affaire. Personnellement, son opinion sur le passé des Français le laisse plutôt froid. Le contexte s'y prête d'ailleurs. La question des criminels de guerre, par exemple, a rapidement sombré dans l'oubli, au Canada et ailleurs, après 1945.

---

5. Lettre de Conrad Bérubé à Louis Saint-Laurent, le 12 septembre 1948 (LST; ANC).

Le 13 juillet 1948, les Britanniques faisaient parvenir un télégramme secret au Canada et à six autres anciennes colonies de l'Empire. Londres y suggérait de laisser tomber les recherches en vue de retracer et poursuivre les présumés criminels de guerre. Le Canada a accusé réception en indiquant seulement prendre acte de la suggestion britannique. Dans les faits, il adoptera au cours des trente années suivantes une attitude de laisser-faire, et les demandes d'extradition, principalement en provenance des pays de l'Europe de l'Est, furent rejetées.

L'opposition officielle partage d'ailleurs les vues du gouvernement sur la question. Le Parti progressiste-conservateur du chef George Drew a d'ailleurs de nombreuses raisons de se tenir coi. Son anticommunisme affiché le retient de sauter dans l'arène contre Bernonville. Mais il y a plus. Car le 26 janvier 1949, le botaniste montréalais bien connu Jacques Rousseau sert à ce parti une mise en garde. À un haut membre du Parti conservateur Rousseau donne ce conseil:

> Il importerait donc qu'il n'y eût pas de la part des conservateurs d'interpellation en Chambre. Je suis sûr que si l'on permettait une interpellation contre M. de Bernonville, ce serait en définitive faire le jeu des communistes français[6]...

Une déclaration de la part de ce parti, avertit Rousseau, pourrait s'avérer être un coup mortel à la cause des conservateurs dans le Québec. Le message est bien reçu et le chef Drew donne la consigne de ne rien dire sur ce sujet. Le seul conservateur à parler contre lesdits collaborateurs sera le député John Diefenbaker qui accusera le gouvernement d'avoir adopté des arrêtés ministériels secrets dans le cas des quatre Français. En revanche, il ne dira pas un mot sur Bernonville.

6. Lettre de Jacques Rousseau à Louis Cecile, le 26 janvier 1949 (RR; ANQ; 17).

Le Parti libéral au pouvoir n'a donc pas à s'inquiéter de ce côté. Il en va tout autrement avec la CCF, parti se situant au carrefour de multiples traditions politiques. La CCF se trouve en effet à la confluence du travaillisme, du populisme et de la social-démocratie. Un député de ce parti, Allister Stewart, représentant au Manitoba la circonscription de Winnipeg-Nord, amorce dès le début un combat solitaire contre les collaborateurs français ayant trouvé refuge au Canada[7]. Dans sa lutte parlementaire, il se trouve épaulé par deux alliés: la presse de langue anglaise, particulièrement *The Globe & Mail*, et d'anciens combattants des Forces françaises libres établis à Montréal.

Le médaillé de la Résistance Michel Pichard prend la tête de ce groupe. Il relaie ainsi Jokelson, celui qui a découvert la présence de Bernonville au pays. Pichard constitue, avec ses amis de Montréal, une espèce de tête de pont canadienne pour ses camarades de France désireux de voir condamner Bernonville. À partir de l'automne de 1948, il devient la courroie d'informations entre les différentes amicales d'anciens combattants de France et le député Stewart. Un de ses contacts en France est nul autre que le colonel Romans-Petit, lequel connaît fort bien Bernonville. Au début de 1944, en Haute-Savoie, Romans-Petit avait délégué le lieutenant Tom Morel pour occuper les hauteurs des Glières. Morel ne devait jamais en revenir. Les troupes commandées par Bernonville à cette occasion avaient pris au piège nombre de ses camarades.

En début d'année 1949, Stewart a en main des informations fort compromettantes pour Bernonville. Il s'agit de témoignages de victimes de crimes commis

7. Roland Haumont a rencontré à quelques reprises Allister Stewart dans le cadre de l'affaire Bernonville. Pour Haumont, Stewart représentait l'Écossais presbytérien typique, doté d'une forte et austère rigueur intellectuelle.

par Bernonville et ses troupes durant l'Occupation. Ils ont été transmis par les anciens combattants français.

Saint-Laurent en a pris connaissance et sait que Stewart prévoit rendre publiques ces informations, advenant un jugement favorisant la cause de Bernonville. Dans ce contexte, il décide de prendre de court le député de la CCF et d'annoncer son intention d'instituer une seconde enquête sur le Français.

Témoignage d'un rescapé de Buchenwald

La directive donnée aux fonctionnaires pour entamer de nouvelles procédures contre Bernonville n'arrête pas Stewart. Sans doute dans le but de talonner les fonctionnaires et de les inciter à un démarrage rapide de leur enquête, le député de Winnipeg-Nord décide, dès le lendemain, de prendre la parole en Chambre.

Le 22 février, il se lève et fait, à la surprise de plusieurs, des révélations accablantes sur le passé de Bernonville. Il s'agit, pour la plupart, de témoignages rassemblés et postés à Michel Pichard par le colonel Romans-Petit, directeur de la Fédération nationale du Maquis. Parmi ces dépositions une, celle du garagiste Maurice Nedey, est particulièrement émouvante.

Le 20 juin 1944, le résistant était capturé par un groupe de la Milice dans la région de Saône-et-Loire, puis conduit à l'hôtel Moderne à Chalon-sur-Saône. Le lendemain, 21 juin, le commandant de Bernonville arrivait à l'hôtel, transformé en quartier général, et on l'informait de la prise. Maurice Nedey fut alors amené dans une des larges chambres où on le fit déshabiller. L'on vida ensuite la pièce en n'y laissant qu'un bureau. Bernonville s'installa derrière celui-ci. L'interrogatoire pouvait commencer. Voici son témoignage, tel que l'a transmis Stewart:

> De Bernonville installé à son bureau ne se salissait pas, ni se fatiguait pour me torturer, il donnait simplement les ordres et menait le jeu de l'interrogatoire. Ces ordres étaient les suivants: «Interrogez, faites-le parler, parlez, arrêtez, continuez, vous avez intérêt à parler et à tout nous dire, je suis pressé et n'ai pas de temps à perdre.» Toute l'équipe que j'ai nommée plus haut rivalisèrent [*sic*] de méchanceté, ils me crachèrent dessus, me donnèrent des coups de poing, des coups de pied dans le ventre, je parais les coups comme je pouvais, mais l'un d'eux m'envoya de plein fouet un coup à l'estomac et je crus vomir mes entrailles, j'allais sans interruption m'affaler par terre, aussitôt on me faisait relever avec des coups de pied dans les côtes, ils se mettaient tout en cercle et me renvoyaient les uns aux autres, je commençai à comprendre que je ne pourrais résister longtemps à ce manège. Je reçus un coup magistral à la mâchoire qui me fêla le maxillaire inférieur droit et je crachai quelques débris de molaires effritées par les chocs[8].

Bernonville demanda alors où se trouvaient les armes, exigea les noms des autres résistants, les mots de passe pour les différents districts de parachutage, la localisation des transmetteurs radio, les endroits où se cachaient les aviateurs britanniques.

N'ayant rien obtenu de cet interrogatoire, Bernonville commanda de le torturer à l'électricité. Pour Nedey, la sensation ressemblait à un couteau tournant dans la poitrine, tout près du cœur. Il hurlait, suffoquait. À intervalles réguliers, les miliciens s'arrêtaient, puis reprenaient.

Bernonville, souligne Nedey, resta impassible. Le garagiste le supplia et accepta finalement de signer une admission de culpabilité qu'il ne lut même pas. Le reste de la nuit, Bernonville ne cessa de lui reprocher d'être un traître en faisant valoir la disgrâce de travailler pour

8. *The Herald*, 23 février 1949 et *Maclean's*, 15 novembre 1951.

l'Angleterre. Son honneur, selon lui, aurait dû le porter vers le maréchal Pétain.

Le 22 juin, en dépit des assurances du commandant de Bernonville, une voix, à six heures du soir, hurle à la porte de la cellule. La Gestapo est là, attendant que les miliciens lui livrent Nedey. Celui-ci sera déporté au camp de Buchenwald d'où il reviendra.

L'attaque de Stewart ne s'en tient pas à ce témoignage exclusif. Il retrace ses activités en Afrique du Nord et ses fonctions en métropole comme traqueur des résistants. Il relate enfin son travail d'identification des officiers britanniques parachutés en France.

Une fois le passé de Bernonville exposé, Stewart se tourne vers les autres fugitifs français ayant trouvé refuge au Canada. À nouveau, ils dénoncent le Dr Georges Benoit Montel, le Dr André Boussat, Julien Labedan et Jean Louis Huc. Et puis, nouvelle bombe, le député dévoile la présence au Canada d'un sixième collaborateur français, un médecin de quarante-deux ans, le Dr Michel Seigneur. Celui-ci aurait servi sous la Milice et aurait été condamné par un tribunal de Poitiers. Stewart déclare:

> Je sais que le ministère ne peut maintenir une surveillance étroite à tous les points de la frontière, mais il y a de ces gens au pays, et ils y sont entrés. Il est temps que le pays sache ce qui se passe[9].

Le lendemain, le journal montréalais *The Herald* consacre sa une au témoignage de Maurice Nedey. Toute la première page est occupée par les déclarations d'Allister Stewart. Dans la presse canadienne-française, on y fait également écho. La plupart des journaux le font toutefois rapidement et sans donner un grand crédit aux déclarations de Stewart. Pour chapeauter son article, *Le Devoir* du 23 février titre: «Un député socia-

9. *Le Devoir*, 23 février 1949.

liste s'en prend aux réfugiés politiques français». Dans une autre page, Pierre Vigeant interprète les déclarations d'Allister Stewart comme une lutte contre toute immigration française ou susceptible de se franciser.

Les témoignages ou les documents défavorables à Bernonville n'impressionnent guère le directeur du *Montréal-Matin*. Cette journée-là, Roger Duhamel écrit:

> En quoi modifient-elles la situation? Combien de fois faudra-t-il répéter, au grand scandale de nos compatriotes serviles qui convoitent un bout de ruban de la Légion d'honneur, que nous récusons d'avance les jugements portés par les tribunaux révolutionnaires issus de la lamentable libération.

Au cours de l'affaire, Duhamel prendra prétexte d'affirmations effectivement non fondées sur le passé de Bernonville publiées par la presse adverse pour récuser l'ensemble des accusations. Par exemple, on avancera 1898 comme année de naissance du milicien alors qu'il aurait fallu dire 1897. Duhamel s'en servira pour dénigrer le travail peu sérieux de la presse pourfendant Bernonville.

Le 23 février donc, tôt ce matin-là, un membre (non connu) du Comité de défense donne un coup de fil alarmé à Jacques de Bernonville. Son interlocuteur au bout de la ligne lui demande de se procurer prestement une copie de l'édition toute fraîche du *Herald*. Il y est question d'affirmations fort embarrassantes de la part du député Stewart à son égard. Sa défense devient plus ardue.

Bernonville s'exécute et y lit alors les accusations portées contre lui. Aussitôt, l'ancien chef milicien se met à la tâche de réfuter point par point les assertions du député de la CCF. Dans la journée même, il contacte son protecteur pour lui indiquer les grandes lignes de sa défense. Premièrement, il ne se trouvait pas à Chalon-sur-Saône durant la période indiquée par Maurice

Nedey. Et puis, il n'a jamais été un collaborateur des nazis, et enfin il n'a jamais mis les pieds en Tunisie. Bernonville termine en rappelant à nouveau les noms de ses vrais patrons à Lyon, au printemps de 1944. Il y a été nommé gouverneur militaire non par la Gestapo mais par le maréchal Pétain.

Robert Rumilly, quant à lui, décide d'écrire en France à l'hebdomadaire de droite *Aspects de la France*, afin d'obtenir des informations sur Maurice Nedey et éventuellement le rattacher aux communistes. Du même coup, il commande d'autres documents et soutient:

> Une liste de prêtres massacrés, condamnés, ou actuellement en prison, serait un document ultraprécieux[10].

La journée suivante, soit le 24 février, un des protecteurs du comte de Bernonville vient à sa rescousse au parlement fédéral. Le député indépendant de Charlevoix-Saguenay, Frédéric Dorion, s'est porté volontaire pour se lever en Chambre en faveur de Bernonville. Il y prononcera un discours dont la portée sera telle que les responsables de l'École sociale populaire décideront d'en faire une brochure.

La tâche de Dorion consiste à objecter, aux preuves révélées par Stewart, la vision bien connue des défenseurs du comte au Québec. Il a ce propos choc:

> Je ne crains pas d'affirmer que si les citoyens français dont a parlé le député de Winnipeg-Nord étaient des Juifs communistes au lieu d'être des Français catholiques, nous n'aurions pas entendu parler d'eux à la Chambre[11].

10. Lettre de Robert Rumilly à Pierre Boutang, *Aspects de la France et du monde*, 1949 (RR; ANQ; 17).

11. «Le cas Bernonville», texte des débats à la Chambre des communes (Ottawa) du 24 février 1949 et reproduit sous forme de brochure par l'École sociale populaire (RR; ANQ; 14).

Aux Communes, on entend, des banquettes de la CCF, monter une certaine clameur alors que le chef de ce parti lance à quelques reprises, à l'adresse de Dorion, les mots: «Honte, honte». Le député de Saguenay poursuit en reprenant quelques-uns des thèmes habituels de la défense du fugitif. La composition presque essentiellement communiste de la Résistance ne fait, pour sa part, aucun doute, pas plus que la déficience actuelle de la justice française. Bernonville, répète-t-il, a simplement agi sous les ordres d'un gouvernement légitime, celui du maréchal Pétain.

Si jamais, d'ailleurs, quelqu'un a mérité le droit d'asile au Canada, enchaîne-t-il, c'est bien cet homme victime, selon lui, de la persécution communiste. Dorion affirme que:

> Cette question est beaucoup plus importante que le sort de quelques individus. Le principe qui est en jeu, c'est la lutte entre les communistes et la chrétienté[12].

Quelques jours plus tard, *The Standard* de Montréal reprendra des propos tenus sur Bernonville par son ennemi déclaré, et ce depuis la guerre, le colonel Romans-Petit. Les révélations ont été publiées pour la première fois dans la *Voix du Maquis*, organe officiel des anciens membres de la Résistance française. Dans sa lettre ouverte, Romans-Petit accuse Bernonville de figurer parmi les grands dirigeants ayant trahi les intérêts de la France durant l'occupation nazie. «Nous avions plus peur de la Milice que des Allemands», déclare le colonel.

Cette Milice, les anciens combattants des Forces françaises libres à Montréal se chargent de la faire connaître aux Canadiens français. Généralement, les Français écrivent au *Canada* sous une unique signature, celle de Jean Bourgetel. Ce dernier a été désigné, parce qu'il

12. *La Patrie*, 25 février 1949.

est le seul à posséder, à l'inverse des autres, la citoyenneté canadienne.

Bourgetel a combattu dans l'aviation au cours de la guerre. Il raconte, le 11 mars, son expérience avec la Milice au moment de son parachutage en Bretagne dans la nuit du 5 au 6 juin 1944:

> Ces hommes étaient plus à redouter et plus cruels que les plus sauvages SS allemands[13].

Bernonville ne peut, selon lui, ignorer les tortures infligées par certains membres de la Milice aux résistants. Dans sa position, renchérit-il, le chef milicien devait être au courant de l'existence des bains d'eau froide, des courants électriques, des brûlures de cigare, des coups de crosse de fusil ou de cravache.

Bourgetel voit dans ce collaborateur un manipulateur né:

> Vous êtes un hypocrite parce qu'aujourd'hui, sachant que vous êtes dans une province très catholique, vous chercher [*sic*] à substituer à la croix gammée, sous laquelle on vous accuse d'avoir servi il n'y a pas très longtemps, celle du Christ, pour vous attirer la protection et les faveurs de certaines personnes influentes, et en employant le slogan le plus usité de nos jours pour se défendre: «Je suis un anticommuniste[14]».

Au moment de la rédaction de cette lettre ouverte, la deuxième commission chargée d'enquêter sur le passé de Jacques de Bernonville n'est toujours pas entrée en fonction. Le ministre qui s'occupe du dossier assure même au député de Québec, Wilfrid Lacroix, son intention de faire traîner les choses. Et puis, les élections fédérales s'en viennent.

13. *Le Canada*, 11 mars 1949.
14. *Ibid.*

Des émissaires du gouvernement fédéral concluent alors une entente tacite avec les défenseurs du comte afin que cesse le bruit autour de cette affaire. Camillien Houde, Robert Rumilly et les autres s'engagent à ne plus en parler. De son côté, Bernonville est invité à s'éloigner de ses protecteurs. Les envoyés fédéraux lui font miroiter la possibilité de faire mourir l'affaire au feuilleton.

Pourtant, au même moment, un télégramme secret de l'ambassadeur canadien à Paris au premier ministre Saint-Laurent ne laisse pas de doute sur les intentions du fédéral. Georges Vanier rend compte le 12 mars 1949 de ses démarches auprès des autorités françaises[15].

Dans un premier temps, Vanier récapitule la stratégie du gouvernement dans cette affaire. Jusqu'à maintenant, laisse-t-il entendre, la position du fédéral reposait sur le besoin de se tenir loin du débat politique. Des motifs techniques d'entrée illégale au pays convenaient et suffisaient pour justifier la déportation.

Entre les lignes, celui-ci suggère maintenant une nouvelle avenue. Les prochaines procédures devront être basées sur des motifs de trahison. L'ambassadeur dit avoir sondé les officiels français à propos de la divulgation de documents compromettants sur Bernonville. Après avoir consulté ses vis-à-vis français, le diplomate en revient avec la conviction que ces derniers, au contraire, n'y voient aucune objection.

L'affaire entre donc dans une phase stagnante, ni réjouissante ni inquiétante. Certains mesurent cependant déjà mieux que d'autres les forces en présence. Victor Keyserling est du nombre. Œuvrant à Radio-Paris sous l'Occupation, Keyserling a fui au Canada après la guerre avec ses véritables papiers. Arrivé à Montréal, il entre au service de l'agence de presse British United

15. Télégramme secret de Georges Vanier à Louis Saint-Laurent, le 12 mars 1949 (LST; ANC).

Press. Sa demande de permis de séjour permanent se heurte cependant aux fonctionnaires fédéraux qui déclenchent une enquête à son sujet. Rumilly lui est acquis, mais ce dernier avoue ne pas pouvoir fournir à la tâche. De toute façon, Keyserling n'entend pas soulever une tempête politique avec son cas. Acculé au pied du mur, celui-ci préférait partir plutôt que de voir publier une seule ligne à son sujet. À la veille de la décision des autorités de l'Immigration, celui-ci a fait son nid en cas de refus:

> [...] il est trop difficile de lutter contre tout l'appareil d'une puissante administration, et mieux vaut partir comme un monsieur que de devenir un terrain de football pour politiciens en mal d'arguments électoraux[16].

Peu après, Victor Keyserling et sa famille quittent le Canada pour les cieux d'Haïti.

Quant à Bernonville, il occupe divers emplois à Montréal en attendant la suite des événements. Les choses s'annoncent bien. Au cours de l'été de 1949, le comité mandaté pour réétudier son cas n'a toujours pas été mis sur pied. De sa résidence de Ville Mont-Royal, Rumilly surveille les développements, prêt à donner l'alerte. Vers le milieu du mois d'août, celui-ci croit détecter du mouvement du côté d'Ottawa. Il en avise aussitôt l'éditorialiste André Laurendeau qui le rassure. Néanmoins, Laurendeau l'informe de la parution, la journée même, d'un commentaire se voulant une mise en garde afin de «rappeler le gouvernement au bon sens[17]».

Le 19 août, celui-ci fait effectivement paraître, dans *Le Devoir*, un court commentaire sur le sujet en souhai-

16. Lettre de Victor Keyserling à Robert Rumilly, le 1er mars 1949 (RR; ANQ; 12).
17. Lettre d'André Laurendeau à Robert Rumilly, le 19 août 1949 (RR; ANQ; 12).

tant ne jamais voir se constituer la nouvelle commission. Il écrit:

> Réfugié politique, le comte de Bernonville a droit parmi nous au même accueil que les réfugiés de toutes races ont reçu au Canada. Le droit d'asile reste pour nous aussi impérieux lorsqu'il s'agit d'un Français.

Les nouvelles ne sont cependant pas rassurantes. Au cours de la même période, Rumilly a connaissance d'un potin parlementaire prenant l'allure, pour lui, d'une menace. Les élections fédérales reportant les libéraux de Louis Saint-Laurent au pouvoir viennent d'avoir lieu. Au cours de ses vacances, l'épouse du premier ministre aurait laissé échapper:

> De Bernonville sera déporté. Mon mari ne va pas risquer un incident diplomatique pour lui[18].

Au nom de l'identité

En janvier 1950, les faits sont indubitables: le gouvernement fédéral s'apprête à réactiver le dossier. Depuis quelque temps, les procédures d'enquête se sont finalement mises en marche. Le 16 février 1950, les autorités de l'Immigration annoncent officiellement leur intention de déporter Bernonville.

Dès le tout début de l'année, les forces assoupies autour de Rumilly s'ébranlent à nouveau. La première démarche est de s'allouer les services d'un procédurier de premier ordre qui épuisera les moyens judiciaires. L'avocat Bernard Bourdon accepte le concours d'Édouard Masson pour cette partie. Ils y réussiront particulièrement bien. Toutefois, les manœuvres débu-

18. Notes de Robert Rumilly (RR; ANQ; 14).

tent sur une mauvaise note. Un des conseillers juridiques leur fait faux bond dès le départ. Bouleversé par tout ce qu'il apprend et redoutant une intensification de l'affaire sur le plan médiatique, l'avocat-conseil Roger Ouimet annonce son retrait à Bernonville le 27 janvier:

> Plus l'échéance approche et plus je me rends compte que cette affaire dépasse les personnes et prend malgré vous une tournure politique. Je constate de plus que je ne puis rien pour vous. Je regrette de n'avoir pas su tout ce que je sais maintenant avant d'accepter votre cause[19].

Pour sa part, le Comité de défense des réfugiés politiques français reprend ses activités. Le plan de campagne prévoit une mobilisation de l'opinion publique. La stratégie consiste, en effet, à solliciter les organisations canadiennes-françaises. On suggère à ces dernières l'envoi de lettres, de télégrammes, de résolutions ou de pétitions à Ottawa.

Rumilly et ses amis ne négligent pas non plus la députation canadienne-française. L'historien informe son camarade Chaloult de la présence, à Ottawa, d'un député libéral fort sympathique aux Bernonville. Indigné de la reprise des démarches contre le comte, ce dernier envisage maintenant de lui venir en aide, et cela malgré son appartenance au parti gouvernemental. Selon lui, plusieurs députés canadiens-français, membres de son parti, partageraient ses sentiments.

De son côté, le représentant libéral de Témiscouata, Jean-François Pouliot, dévoile à la presse, le 21 février, ses sympathies pour Bernonville. Il plaide même pour sa nomination comme ambassadeur français à Ottawa. L'accusation portée contre lui, affirme-t-il à la suite du député Dorion (défait aux

19. Lettre de Roger Ouimet à Jacques de Bernonville, le 27 janvier 1950 (RR; ANQ; 14).

dernières élections), se révèle sans fondement. L'acte émane d'une justice aux mains des communistes. À un an d'intervalle, presque jour pour jour, Pouliot reprend, d'ailleurs dans des termes équivalents, certaines déclarations de Frédéric Dorion:

> [...] si ce dernier était un franc-maçon, prétend le député, personne ne ferait d'objection à ce qu'il demeure au pays[20].

Le 3 mars 1950, l'important député libéral en faveur du comte de Bernonville se lève en Chambre. Il s'agit du député de Bonaventure, Bona Arsenault, qui prend la parole devant certains collègues anglophones mal à l'aise.

> Convaincu que je suis de l'innocence et de la parfaite honorabilité du comte de Bernonville, je crois de mon devoir, en dépit de tous les inconvénients que mon attitude puisse susciter, de faire entendre ma voix en cette Chambre en faveur d'un citoyen français, persécuté par ses ennemis politiques, persécuté par les organisations communistes françaises, persécuté ici même par des sympathisants notoires[21].

Arsenault, à son tour, marchera dans les traces de ses prédécesseurs. Les attaques contre Bernonville forment un tissu de calomnies et on ne peut tenir compte d'accusations provenant de tribunaux d'épuration communistes.

Philippe Hamel se réjouit du discours de Bona Arsenault et en félicite aussitôt Rumilly. «Cet exposé clair et fort documenté respire votre prose[22].» Rumilly, de son côté, prend également la parole, mais d'une

20. Archives du Congrès juif canadien à Montréal. Probablement *L'Action catholique* du 22 février 1950.
21. *Le Canada*, 3 mars 1950.
22. Lettre de Philippe Hamel à Robert Rumilly, le 4 mars 1950 (RR; ANQ; 14).

manière plus virulente et plus dommageable pour le parti au pouvoir. La chose deviendra tellement embarrassante que des députés libéraux, acquis à la cause, se sentiront le besoin de le rappeler à l'ordre. Le député Jean-François Pouliot, connu pour son franc-parler, y va de son avertissement:

> Si vous voulez réellement aider Bernonville, vous êtes mieux d'employer un autre ton que celui de vos conférences habituelles ou ne pas parler du tout[23].

Cinq jours après le discours de Bona Arsenault, un autre député annonce ses couleurs. Il provient, cette fois-ci, des bancs de l'opposition officielle. Henri Courtemanche, député conservateur de Labelle, représentera le premier député de l'opposition à parler en ce sens au parlement fédéral.

Dans l'ensemble, la députation canadienne-française s'affichera plutôt sympathique à Bernonville mais n'ira pas aussi loin que Pouliot, Arsenault et Courtemanche. Les pressions de Rumilly présentant son protégé comme une «victime des communistes et de la judéo-maçonnerie[24]» n'y feront rien. Il obtiendra cependant de certains d'entre eux d'autres formes de collaboration moins compromettantes.

Un sondage interne, réalisé par une agence de presse sur la colline parlementaire, révèle d'ailleurs le haut appui que reçoit Bernonville des députés canadiens-français. La *vox populi,* quoique sans valeur scientifique, révèle un préjugé favorable de trente-huit députés de langue française dans un échantillon de quarante.

23. Lettre de Jean-François Pouliot à Robert Rumilly, le 11 mars 1950 (RR; ANQ; 14).

24. Lettre de Robert Rumilly à Paul-Edmond Gagnon, le 11 mars 1950 (RR; ANQ; 14).

Cependant, un tel appui ne proviendra pas exclusivement de cette députation. Un député progressiste-conservateur de langue anglaise enfreindra la consigne du silence et donnera son appui à Bernonville.

Pendant ce temps, Anatole et Guy Vanier se multiplient afin de faire fuser de toutes parts télégrammes et lettres aux ministres. Anatole Vanier explique, le 13 mars, à Émilien Rochette de Charlesbourg, banlieue de Québec, les raisons justifiant ce geste:

> Nous devons appuyer ce Français catholique, que la bureaucratie d'Ottawa voudrait bien sacrifier, après avoir admis tant d'étrangers venus sans papiers d'un peu partout de l'Europe centrale, et où l'élément juif a dû avoir sa large part sans que cela y paraisse[25].

Aux côtés de Rumilly, se démenant afin de faire écrire des lettres aux journaux, les Vanier encouragent à travers la province la rédaction de résolutions. La Société Saint-Jean-Baptiste de Montréal, la chambre de commerce de Chicoutimi, le Conseil de la cité de Rouyn font ainsi, tour à tour, parvenir des requêtes au ministre de l'Immigration. Les lettres réclament toutes le droit d'asile en faveur du comte de Bernonville, réfugié politique.

Traçant un parallèle avec certains Patriotes ayant bénéficié, après la rébellion de 1837-1838, d'un droit d'asile à l'étranger, la Société Saint-Jean-Baptiste de Montréal supplie le premier ministre Saint-Laurent d'être clément. Le pionnier des pétitions en faveur de Bernonville, le dénommé Barrière, organise les préparatifs d'une marche de 500 personnes à Ottawa pour exiger un arrêté en conseil pour Bernonville. La manifestation n'aura toutefois pas lieu.

25. Lettre d'Anatole Vanier à Émilien Rochette, le 13 mars 1950 (RR; ANQ; 14).

Le maire de Trois-Rivières, J.-A. Mongrain, se met également de la partie. Le 30 mars 1950 paraît dans la presse sa lettre à Saint-Laurent où se lit une menace à peine voilée pour les rouges libéraux:

> Et s'il fallait que cette requête soit ignorée, et qu'on insiste pour que le comte soit déporté, j'ai l'impression que le plus grand nombre de nos concitoyens canadiens sentiraient le rouge leur monter au front pour un geste qui frise la barbarie[26]...

De son côté, le mouvement nationaliste des Jeunesses patriotes du Canada français adresse une lettre cinglante au ministre de l'Immigration et de la Citoyenneté, Walter Harris. Les auteurs, Walter O'Leary, André Mathieu et René Sarrasin, remettent sur la table la question cruciale de l'immigration:

> Le cas du comte de Bernonville éclaire heureusement notre peuple sur le danger de contrôle politique d'une immigration raciste par la majorité anglo-canadienne[27].

Plus loin, les jeunes nationalistes servent au ministre cette mise en demeure:

> Nous réclamons ce contrôle de notre immigration parce que nous sommes directement menacés dans notre vie française par le flot anglophone de plus en plus envahissant. Nous voulons choisir nos immigrés comme vous choisissez les vôtres mais nous nous baserons avant tout sur leur culture et non sur leur race comme vous l'avez déjà trop fait.
>
> Alors seulement nous pourrons légalement faire d'un homme comme le comte de Bernonville un citoyen canadien-français, comme vous avez fait de tant

26. Lettre de J.-A. Mongrain au premier ministre du Canada, Louis Saint-Laurent, reproduite dans la presse, le 30 mars 1950 (DB; ACJC).
27. *L'Action catholique*, 1er avril 1950.

d'autres immigrés des citoyens anglo-canadiens sous l'étiquette de «canadiens».

Le *Montréal-Matin*, dans sa livraison du 28 février 1950, avait exposé un point de vue semblable. Le quotidien s'explique difficilement l'acharnement du gouvernement canadien contre Bernonville. Frustré, il plaide pour une application rigoureuse de la réglementation en matière d'immigration. Il est difficile, dans le contexte de l'époque, de ne pas reconnaître dans les étrangers décrits par le journal les représentants de la minorité juive:

> Nous demandons au ministère de l'Immigration qu'il fouille ses dossiers et qu'il nous dise si par hasard il n'y aurait pas d'autres étrangers qui seraient entrés au Canada dans les mêmes conditions que le comte de Bernonville et qui n'ont pas dû gravir le calvaire qu'on lui impose à lui et à sa famille, depuis bientôt deux ans.

La reprise du bras de fer entre les autorités fédérales et Bernonville amène *Le Devoir* à émettre à nouveau un commentaire. Le 24 février, dans la rubrique «Bloc-Notes», Paul Sauriol signale, à titre d'exemple, l'attitude nouvelle du gouvernement anglais dans des cas analogues. Depuis peu, y lit-on, la Grande-Bretagne accorde le droit d'asile, même aux anciens criminels réclamés comme criminels de guerre par les pays alliés. Criminel de guerre ou non, déclare le quotidien, la question doit donc être reléguée au second rang:

> Indépendamment des accusations portées contre lui en France, ne pourrions-nous pas imiter la conduite de l'Angleterre?

De toute façon, poursuit le chroniqueur, les actes que lui reproche la France ne relèvent pas d'un délit de droit commun.

Il reprend ensuite les thèmes, lancés dès le début pour la défense du comte, dont la partialité des tribunaux:

> [...] les prisons françaises détiennent de nombreux condamnés qui sont là uniquement pour leurs opinions et leurs actes politiques, et pour lesquels une forte partie de l'opinion française réclame l'amnistie.

Affaibli, *Le Canada* donne plutôt la parole aux militaires pour redémarrer le combat contre Bernonville. Le journal semble moins batailleur depuis le décès récent de son rédacteur en chef Guy Jasmin. Ce dernier a trouvé la mort lors d'un accident d'avion aux Açores. Le boxeur français, Marcel Cerdan, figurait également au nombre des victimes.

Le journal publie, le 27 mars, la lettre de l'Association du Corps canadien du Québec au premier ministre Louis Saint-Laurent. Le porte-parole, Roméo Tanguay, réfute le parallèle établi avec les Patriotes et demande au gouvernement de faire son devoir et de retourner Jacques de Bernonville dans son pays pour y être jugé. Tanguay en veut particulièrement aux défenseurs du comte. Il dit y retrouver les mêmes personnes qui s'étaient opposées, au cours de la guerre, à une participation militaire active du Canada.

De son côté, la presse de langue anglaise, avec divers degrés de nuance dans son opposition, forme toujours le même bloc exigeant la déportation du comte. C'est vrai pour le *Winnipeg Free Press* tout comme pour *The Ottawa Citizen*. Seuls quelques petits périodiques religieux anglophones prennent parti pour le Français.

L'affaire, à ce stade, semble pouvoir pencher aussi bien vers un dénouement en faveur du comte tout comme elle peut s'accélérer et aboutir à la déportation pure et simple. Pour arracher le droit d'asile tant réclamé, les militants pro-Bernonville décident, au printemps de 1950, de frapper un grand coup. Ils entreprennent de faire appel à l'intelligentsia canadienne-française et à tout le gratin reconnu et crédible de la province. L'objectif consiste à regrouper le maximum de ces noms dans une pétition envoyée à Ottawa et redemandant le droit d'asile pour Bernonville. La requête provenant de l'élite de cette société impressionnera, assure-t-on, et signera la fin de cette affaire.

Rumilly s'occupe, avec d'autres, de frapper aux portes. Il y rencontre cependant des réticences polies, des refus de se compromettre. Sollicité, l'historien et auteur de *La civilisation de la Nouvelle-France*, Guy Frégault, décline diplomatiquement l'invitation. Le 14 avril, il écrit à Rumilly:

> À mon grand regret, je dois m'abstenir de signer la pétition que vous avez bien voulu m'expédier. Votre confiance m'honore, mais je me reconnais trop peu familier avec l'affaire de Bernonville pour intervenir[28].

Rumilly se heurte aux mêmes fins de non-recevoir de la part du doyen de la faculté des sciences de l'Université Laval, Adrien Pouliot. Tout en se disant «très sympathique au commandant de Bernonville[29]», le scientifique invoque pour son refus son aversion à signer des pétitions préparées en série. Il préfère, dit-il, envoyer un mot au sous-ministre de l'Immigration afin d'obtenir des éclaircissements sur cette affaire. Dans les faits, Adrien Pouliot adoptera une attitude peu sympathique à Bernonville.

En revanche, plusieurs autres membres de l'élite répondent positivement à l'appel. Le comité recueille en

28. Lettre de Guy Frégault à Robert Rumilly, le 14 avril 1950 (RR; ANQ; 14).
29. Lettre d'Adrien Pouliot à Robert Rumilly, le 14 avril 1950 (RR; ANQ; 14).

tout les signatures de 143 personnalités, toutes éminentes dans leur domaine respectif. La pétition du 17 avril 1950 est envoyée au responsable des questions d'immigration à Ottawa, le ministre Walter Harris. On y exige le renversement de la décision du comité d'enquête dans le cas Bernonville. Il s'agit là, plaide-t-on, d'une question d'humanité et de réputation pour le Canada.

Parmi les signataires, on remarque de nombreux notables tels: médecins, avocats et notaires. Les noms de banquiers, d'universitaires bien connus et de prêtres s'y côtoient également. Les dirigeants d'organisations nationalistes s'y retrouvent à peu près tous. Y apposent leur signature: Arthur Tremblay, président de la Société Saint-Jean-Baptiste de Montréal; Éva Rodier-Thibeaudeau, présidente de la Fédération nationale Saint-Jean-Baptiste; Guy Marcotte, président de l'Association canadienne des jeunesses catholiques; Anatole Vanier, président de la Ligue nationale; Léo Guindon, président de l'Alliance nationale des professeurs catholiques de Montréal; André Mathieu, président des Jeunesses patriotes, et Rosaire Morin, président général des Jeunesses laurentiennes.

De l'Université de Montréal figure un fort contingent. En tête de liste, on relève les noms de Mgr Olivier Maurault, recteur; Édouard Montpetit, secrétaire général; le chanoine Arthur Sideleau, doyen de la faculté des lettres et son secrétaire Jean Houpert; Guy Vanier, de la faculté des sciences sociales, économiques et politiques.

Y apparaît aussi la griffe de Pierre Dagenais, directeur de l'Institut de géographie; Maxime Raymond, ancien chef fédéral du Bloc populaire; Victor Barbeau de l'Académie canadienne-francaise; Jacques Rousseau, directeur du Jardin botanique de Montréal, Léopold Richer de l'Académie et directeur du journal *Notre temps*. Un jeune psychiatre, le Dr Camille Laurin, endosse également la pétition[30].

Deux semaines plus tard, Bernonville remercie chaleureusement les signataires de la requête:

> La communauté d'idées et de traditions que je sens si vivante entre les Canadiens et moi-même en est encore renforcée[31]...

Rémy, Isorni ou Weygand?

Cette communauté d'idées pressentie par Bernonville ne se concrétise pas suffisamment, au goût des organisateurs, sur le plan politique. En d'autres termes, pensent-ils, l'appui à Bernonville, pour être puissant, doit s'inscrire et se retrouver au sein de l'une des grandes familles politiques.

Un exemple peut illustrer l'état d'esprit de certains intellectuels canadiens-français. Cherchant à gagner le soutien de son ami Léopold Richer, Rumilly lui fit remarquer un jour la prise de position de leurs adversaires communs sur la Résistance. Puisque ceux-ci avaient appuyé ce mouvement, l'alignement en sens inverse sautait aux yeux.

Parlant de Vichy au premier ministre Saint-Laurent, Anatole Vanier lui lancera le 8 juin 1950:

> Peut-on vraiment croire [...] que le point de vue d'Ottawa est normalement celui de Québec dans le domaine international[32].

30. Liste des 143 signataires de la pétition envoyée au ministre Harris, le 17 avril 1950 (RR; ANQ; 14).
31. *Le Devoir*, 2 mai 1950.
32. Lettre d'Anatole Vanier à Louis Saint-Laurent, le 8 juin 1950 (RR; ANQ; 14).

C'est de cet alignement qu'il convient de parler et qu'il faut mettre au jour. Au siège du Comité de défense à Montréal, on pense le temps venu d'entreprendre un travail d'information à large échelle. Faire ressortir le jeu des alliances canalisera une plus grande énergie en faveur du comte. Elle fortifiera du même coup les convictions politiques de la population. La confusion à ce niveau, chez les Canadiens français, est déplorable et freine selon eux l'intensité des engagements.

La montagne de lettres qu'ont reçues Houde, Hamel et Rumilly les incitent tout naturellement à voir dans certaines personnalités de France des professeurs en mesure d'éclairer le peuple du Québec. Pour Anatole Vanier, il existe déjà au point de départ une solidarité entre ce qu'il nomme la Nouvelle-France et «ce qu'il y a de meilleur dans l'ancienne[33]». La lutte actuelle autour du comte de Bernonville représente, estime-t-il, un combat à mort entre les éléments de gauche et de droite. L'appel à la vieille droite française peut contribuer à fortifier ces sympathies qui risquent sinon de bientôt s'effilocher.

Des contacts s'établissent. Un fidèle du Maréchal, le commandant Quivaux, laisse assez rapidement deviner au maire Houde l'importance des appuis pouvant être repêchés en France. Quivaux aimerait bien, du reste, un retour d'ascenseur:

> Je pense que si 3 000 000 de Canadiens francais sur les 3 500 000 qui se trouvent au Canada signaient des pétitions envoyées au président de la République française en tant que frères de race et de cœur, un tel élan venant du Canada ne pourrait rester sans écho sur les maîtres actuels du destin de la France et aiderait à libérer ces 40 000 malheureux qui souffrent et meurent chaque jour

33. Lettre d'Anatole Vanier au sénateur Thomas Vien, le 6 mars 1950 (RR; ANQ; 14).

en prison pour avoir reconnu comme chef légal de la France le maréchal Pétain[34]...

Le Comité est débordé et ne donnera pas suite à la demande de Quivaux. Mais les contacts se poursuivent. L'ancien ministre de l'Éducation nationale sous Vichy et camarade de Bernonville, Abel Bonnard, donne signe de vie. Maintenant réfugié en Espagne, son apport se limite toutefois à un témoignage de solidarité envers son compagnon. «C'est un soldat, c'est un gentleman, c'est un chevalier[35].» Même chose du côté de l'ancien chef de cabinet de Pétain, Jean Tracou. Il atteste des rapports existant entre Pétain et Bernonville.

Jean-Marc Léger, maintenant étudiant à Paris, offre, au début de 1950, de remplir certaines tâches pouvant être effectuées à partir de la capitale pour le comte. Toujours sympathique à sa cause et à sa famille, l'étudiant bénéficie de bourses pour étudier dans un institut d'études politiques et au sein d'une faculté de droit universitaire. Le 24 janvier 1950, il dit à Rumilly:

> À tout événement, si par ma présence à Paris je pouvais servir à quelque chose en cette affaire, accomplir diverses démarches, etc., c'est avec le plus vif plaisir que je m'efforcerais d'aider un peu une famille pour laquelle je conserve un si profond respect et une si ardente sympathie[36].

En réponse à son offre, Rumilly lui demande simplement de faire savoir à toutes ses connaissances que:

34. Lettre du commandant A. Quivaux à Camillien Houde, le 25 mars 1949 (RR; ANQ; 14).
35. Attestation microfilmée d'Abel Bonnard, le 30 mars 1949 (RR; ANQ; 14).
36. Lettre de Jean-Marc Léger à Robert Rumilly, le 24 janvier 1950 (RR; ANQ; 14).

> le gouvernement français se nuira dans l'opinion canadienne-française en persécutant le commandant de Bernonville, et en insistant pour obtenir sa déportation[37].

Un contact se crée finalement à partir de Montréal avec l'avocat de Pétain et de Robert Brasillach, Jacques Isorni. Rumilly le connaît pour être entré en relation avec lui au moment où il voulait rédiger une biographie du Maréchal. Isorni est choisi par le Comité pour représenter les intérêts de Bernonville en France. L'avocat s'en dit honoré.

Jacques Isorni a bonne presse dans les journaux catholiques et nationalistes de la province. Présentant un texte du juriste français sur la justice dans son pays, *Le Devoir* du 8 février 1950 soulignera en avant-propos l'importance et la valeur du témoignage en raison de l'auteur, «d'une remarquable compétence».

Isorni avait été approché au départ pour autre chose. On aurait voulu l'inviter au Canada pour répondre de vive voix à l'ambassadeur Francisque Gay. Mais, soit en raison de son état de divorcé soit pour d'autres motifs, le projet tomba à l'eau. Leur projet initial, celui d'informer et de réhabiliter Pétain aux yeux des Canadiens français, tarde donc à éclore.

En attendant, Philippe Hamel peste contre la presse canadienne-française donnant de plus en plus de crédit au général de Gaulle. Son ami, Maxime Weygand, partage son aversion. Il lui dit:

> Je ne comprends pas que le général de Gaulle trouve encore des admirateurs chez vous[38].

---

37. Lettre de Robert Rumilly à Jean-Marc Léger, le 1er février 1950 (RR; ANQ; 10).
38. Lettre de Philippe Hamel à Robert Rumilly, le 28 août 1950 (RR; ANQ; 14).

Hamel se décide finalement à croiser lui-même le fer avec les gaullistes du Québec. Le nationaliste a attendu un certain temps l'aide pécuniaire du gouvernement du Québec pour financer la venue des conférenciers français, mais le projet s'enlise.

À l'été de 1950, une polémique éclate dans les journaux entre lui et Marthe Simard de Québec. Médaillée de la Résistance française, celle-ci offre, sur le même ton, la réplique au réquisitoire d'Hamel contre de Gaulle. Le 27 juillet 1950, *L'Action catholique* publie sa lettre ouverte. Scandalisée, celle-ci note le peu de cas que fait Hamel des engagements militaires du Canada lors de la dernière guerre.

> Le Dr Philippe Hamel semble oublier que le Canada était en guerre contre l'Allemagne au même titre que la France libre sous les ordres de ce même général [...].
>
> Quant aux «épurés» que vous appelez la honte de la Libération, oubliez-les dans la vase où ils se sont embourbés pour y mourir et pensez surtout aux Français et aux Françaises, jeunes et vieux, qui ont été leurs victimes de chair et d'esprit...

Après quelques autres éclats, l'affaire s'éteint, mais Hamel en sort blessé. La presse, estime-t-il, lui barre la route dans le redressement de l'opinion. Quant à la hiérarchie religieuse, ses réserves, voire sa désapprobation, sont interprétées par Hamel comme un manque de courage.

Rumilly relance pourtant le dentiste sur l'idée d'inviter un conférencier français. Il lui parle d'un certain colonel Rémy. Héros de la Résistance, Gilbert Renault, dit colonel Rémy, a publié ses souvenirs de guerre sous le titre *Mémoires d'un agent secret de la France libre*. Le 11 avril 1950, celui-ci publie cependant un long article qui ramène sur le tapis la thèse voyant en Pétain un bouclier permettant à l'épée de Gaulle une manœuvre pour attaquer. Deux semaines plus tard, il quitte le Rassemblement du peuple français (RPF).

C'est dans ce contexte que s'amorcent des négociations entre ce dernier et les vichystes du Québec qui veulent l'inviter au Canada. De passage en Europe, où il rencontre Jacques Isorni, Guy Vanier en profite pour voir Rémy. Vanier et lui s'entretiennent du projet et l'universitaire montréalais lui demande, en le quittant, de poursuivre les pourparlers avec Robert Rumilly.

Le 6 août, Rémy écrit une lettre à l'historien de Ville Mont-Royal. Les documents qui ont été publiés depuis la Libération, lui dit l'ancien résistant, l'ont conduit à revoir les jugements qu'il avait portés sur le maréchal Pétain. Puis Rémy en vient à l'objet de sa lettre. Guy Vanier lui a exposé l'intérêt de sa venue au Canada pour y donner quelques conférences. Il voit le projet d'un bon œil.

> Si vous pensez que cela pourrait servir utilement dans votre pays une cause dont le triomphe doit être celui de la vérité et de la justice, en même temps qu'il assurerait la réconciliation des Français pris dans ce qu'ils comportent de meilleur, c'est avec joie que je me rendrais au Canada, à une date que nous pourrions ultérieurement convenir[39].

On se demande jusqu'à quel point Rémy est informé de l'affaire en cours au Canada. Dans sa lettre à Rumilly, il semble plutôt soucieux d'expliquer aux Canadiens français sa nouvelle position sur Pétain. Il entend également, sans doute, faire connaître l'existence de ses *Mémoires*. Pourtant, il se laisse entraîner sciemment dans l'engrenage. Deux semaines plus tard, l'historien de Montréal l'amène un peu plus loin:

39. Lettre du colonel Rémy (France) à Robert Rumilly, le 6 août 1950 (RR; ANQ; 10).

> Nous avons ici une grosse question lancinante, celle des proscrits français traqués par l'épuration et réfugiés au Canada comme ils ont pu. Les communisants, l'élément juif et des Anglais fanatiques recherchent leur déportation[40].

Puis Rumilly explique le combat soutenu depuis quelques années par ses amis afin d'empêcher l'expulsion du fugitif le plus réputé, le comte de Bernonville. L'opinion canadienne-française, lui dit-il, est dans son immense majorité avec eux. Cependant, avance-t-il, elle est moins apte que l'opinion française à opérer des nuances entre Pétain et de Gaulle. Bref, «un balancement entre de Gaulle et Pétain la déconcerterait un peu[41]...» Rumilly termine en mettant les choses au clair: les conférences données par Rémy seront d'autant plus utiles si celles-ci contribuent à aider la cause précise défendue par ses amis.

Hamel, de son côté, se montre plus méfiant face à Rémy. De loin, il aurait préféré inviter son ami Weygand, ou encore Isorni, mais Rémy? Celui-ci veut s'assurer de ne pas amener au Canada un «Vive de Gaulle et vive Pétain[42]». Il prend des informations sur son compte auprès de journalistes de la presse de droite en France. Mais échaudé par ses derniers revers, Hamel fait part à Rumilly de ses réticences:

> Après tout ce que j'ai exprimé sur de Gaulle, je ne me vois pas patronner un monsieur qui viendrait lui présenter des fleurs et essayer de nous convaincre que de Gaulle n'a pas agi en révolté contre l'autorité légitime de son pays, qu'il ne porte pas la responsabilité partielle sinon totale de Mers-El-Kebir et de Dakar, qu'il n'a pas jeté la France dans l'anarchie durant la Libération et que

40. Lettre de Robert Rumilly au colonel Rémy, le 16 août 1950 (RR; ANQ; 14).
41. *Ibid.*
42. Lettre de Philippe Hamel à Robert Rumilly, le 16 août 1950 (RR; ANQ; 10).

> l'épuration n'a pas été une succession d'assassinats et de vols[43].

Le 31 août, Philippe Hamel accule Rémy au pied du mur. En écrivant sa lettre, il envisage déjà sérieusement de couper court au projet. Hamel craint de voir cette tournée de conférences renforcer les sympathies gaullistes et il l'indique à son correspondant:

> Si vous deviez venir au Canada pour faire l'apologie de Pétain et ignorer de Gaulle, ou mieux encore, le dénoncer, vous rendriez un immense service à la vérité et vous seriez accueilli avec enthousiasme[44].

Les tractations en resteront là et le projet sera abandonné.

43. Lettre de Philippe Hamel à Robert Rumilly, le 28 août 1950 (RR; ANQ; 14).
44. Lettre de Philippe Hamel au colonel Rémy, le 31 août 1950 (RR; ANQ; 14).

CHAPITRE VII

L'effritement

Une nouvelle affaire Riel?

Ayant échoué dans ses efforts pour inviter des porte-parole français sympathiques à Pétain, le comité se recroqueville sur ses forces existantes. Il en a bien besoin. En janvier 1951, le séjour de Jacques de Bernonville au Canada entre dans sa cinquième année. Et l'avenir paraît toujours aussi incertain.

Bien conscient de la faiblesse d'un comité dont il se sait la pierre angulaire, Rumilly redouble d'effort afin d'aiguillonner et d'aviver le sentiment pétainiste des Canadiens français. Il avoue cependant voir dans cette inclination «un sentiment populaire plutôt instinctif[1]» qui retombe aisément dans la torpeur.

S'il pouvait au moins compter sur l'appui du gouvernement du Québec. D'abord favorable au mouvement, le premier ministre Maurice Duplessis l'a abandonné en cours de route, laissant cependant quelques députés s'activer à l'occasion. Bref, Rumilly se sent seul et craint de voir percer cette faille. Les ministres fédéraux, dit-il un jour à Victor Keyserling, finiront bien par s'apercevoir

1. Lettre de Robert Rumilly à Guy Boussac, le 21 décembre 1949 (RR; ANQ; 8).

qu'il se démène tout seul avec une poignée d'amis[2]. L'historien connaît en effet le nombre de ses propres divisions:

> Il y a d'un côté la juiverie, la maçonnerie, le communisme, les démocrates chrétiens, les socialistes, la bureaucratie haineuse, le gouvernement libéral, le fanatisme tory et l'opportunisme des bien-pensants.
>
> Et il y a de l'autre côté, moi tout seul avec quelques amis [...]. Je ne saurais vous dire ce que j'ai déjà consacré de temps, de souci, voire d'argent à cette cause[3].

Les avocats du collaborateur ont bien sûr fait des merveilles. Depuis un an, ils ont harcelé les fonctionnaires en multipliant les moyens judiciaires à leur disposition. De comité d'enquête en comité d'appel, les choses traînent en longueur depuis ce temps. La bureaucratie en est d'autant plus excédée qu'elle connaît depuis le tout début de l'affaire, voire avant son étalement dans les journaux, le véritable passé de l'ex-chef de la Franc-Garde.

Pour justifier la décision d'expulsion, le cabinet a permis d'augmenter la pression en donnant le feu vert aux fonctionnaires pour invoquer des motifs de trahison contre la France. Rien n'y fait cependant. Les démêlés dans lesquels s'embourbe la bureaucratie depuis janvier 1950 doivent prendre fin. L'intervention ferme du premier ministre est requise, pensent plusieurs fonctionnaires. Celui-ci a cherché, et à raison, à s'en éloigner. En janvier 1951, la balle revient dans son camp et on lui demande d'agir. Il n'a plus le choix et s'exécute.

Le 8 février 1951, le gouvernement sort de sa léthargie et décide d'appuyer ouvertement ses fonctionnaires. L'ordre de déportation en vigueur contre Bernonville doit

---

2. Lettre de Robert Rumilly à Victor Keyserling, le 9 mars 1949 (RR; ANQ; 12).
3. *Ibid.*

prendre effet. La loi canadienne interdit l'admission au Canada, prétend-on, de personnes jugées coupables de haute trahison ou de conspiration contre Sa Majesté. Toute personne ayant aidé en temps de guerre les ennemis de Sa Majesté, déclare Ottawa, est assujettie à cette loi.

Le comte a soixante jours pour quitter les lieux. S'il n'obtempère pas, on le forcera à partir à moins que... à moins, bien sûr, qu'il ne conteste de nouveau cette décision par la voie judiciaire.

Une autre fois, le scénario se répète. Les avocats de Bernonville ont recours à l'*habeas corpus* afin de faire porter la cause devant les tribunaux du pays. De son côté, le Comité de défense se met en branle, mais laborieusement cette fois.

Les rangs deviennent clairsemés, en effet, autour de Jacques de Bernonville. Certains se sentent épuisés devant cette affaire qui n'en finit plus, d'autres entretiennent des doutes de plus en plus sérieux quant aux crimes reprochés à Bernonville et enfin certains, comme Philippe Hamel, n'ont plus l'énergie physique pour combattre.

À Ottawa, le député conservateur Henri Courtemanche se porte au secours de son protégé. Le 8 février, au parlement fédéral, le député pourfend les communistes français. Ceux-ci, répète-t-il, ont inventé de toutes pièces les accusations portées contre Bernonville. Le Québec, selon lui, veut accueillir ce Français.

> Nous n'entendons jamais parler d'immigrants auxquels on a permis de demeurer au Canada bien qu'ils fussent entrés au pays munis de faux passeports. Pourquoi faire un crime à de Bernonville d'avoir cherché refuge dans le Québec, alors qu'aucune voix ne s'est élevée dans cette province pour demander sa déportation. Québec, par hasard n'aurait-il pas droit de choisir la sorte d'immigrants qu'il désire[4]?

4. Débats à la Chambre des communes, compte-rendu officiel, le jeudi 8 février 1951 (RR; ANQ; 14).

Toujours dans la capitale fédérale et au même moment, le député libéral de Bonaventure, Bona Arsenault, sonde le terrain. Il entend, en effet, présenter un projet de loi spéciale dédouanant le gouvernement face à la présente législation et permettant, en bout de piste, le séjour permanent et légal au pays du comte de Bernonville.

Le député à l'Assemblée législative de la province de Québec, René Chaloult, répond également à l'appel. Isolé sur le plan parlementaire, le député indépendant voit certains de ses collègues l'appuyer en coulisse tout en refusant cependant de parler ouvertement en faveur du Français.

À la mi-février 1951, au parlement de Québec, le nationaliste René Chaloult prononce un discours qui ne laisse aucun doute sur ses convictions. Au mépris de l'opinion québécoise, Ottawa, déclame Chaloult, refuse à ce proscrit le droit d'asile reconnu aux Patriotes de 1837-1838 par des pays comme les États-Unis. Au même moment, poursuit-il, la bureaucratie assimilatrice organise une immigration massive et suspecte dans le but de noyer la population canadienne-française.

Plus de cinq années après le début de l'internement de Pétain dans l'île d'Yeu, Chaloult se montre aussi fervent qu'autrefois:

> Nous refusons de croire à la justice d'un régime qui garde dans les prisons une partie de l'élite française, un régime qui s'acharne contre un vieillard de 93 ans, le héros de Verdun, l'illustre maréchal Pétain, dont l'interminable agonie émeut l'univers[5].

Rumilly peut compter parmi ses alliés, et ils sont les bienvenus, sur de nombreux étudiants de l'Université de Montréal. Le 13 mars 1951, Denis Lazure, le pré-

5. *Le Devoir*, 14 février 1951.

sident de l'AGEUM, leur association, fait parvenir au premier ministre du Canada, Louis Saint-Laurent, un télégramme d'appui en faveur de Bernonville. La motion a été présentée par le délégué de la faculté de philosophie, André Payette. Parlant au nom des 3000 étudiants de l'Association, l'AGEUM demande que «soit accordée au comte Jacques de Bernonville la permission de demeurer au Canada avec sa famille, comme on fait dans tous les pays pour les réfugiés politiques[6]».

Une semaine plus tard, Pierre Asselin, secrétaire particulier de Saint-Laurent, leur laisse entendre le sérieux des charges pesant contre Bernonville. Tous les renseignements sur ce Français, déclare-t-il, n'ont pas été publiés. Ayant pris connaissance de ceux-ci, le premier ministre ne peut se résoudre à condamner la décision de ses fonctionnaires et ministres.

Les étudiants n'en démordront pas pour autant. André Payette verra dans l'opposition à Bernonville un complot des «communistes canadiens qui veulent livrer à leurs frères communistes français un homme de valeur, catholique, magnanime[7]». Par la suite, Payette informera Rumilly du nom de l'étudiant ayant démontré de l'hostilité lors d'une conférence de l'historien, à l'université, sur cette affaire.

L'effritement pressenti par Rumilly se remarque également au sein des associations nationalistes. Seuls quelques groupes, telle la Ligue des Patriotes, se prononcent. Bernonville constitue un héros persécuté.

Pourtant, au même moment, survient un appui inespéré: l'indomptable pamphlétaire Claude-Henri Grignon. Également romancier, le polémiste est l'auteur d'une œuvre à succès, *Un homme et son péché*. Celle-ci

6. Notes de Denis Lazure, président de l'AGEUM, 13 mars 1951 (RR; ANQ; 14).
7. Communiqué signé par André Payette (RR; ANQ; 14).

raconte les malversations d'un avare, Séraphin Poudrier, dans un coin de la campagne québécoise. Au moment où ce dernier entre en scène, un long métrage tiré de son roman et intitulé *Séraphin* vient d'être porté à l'écran. Depuis 1939, les auditeurs peuvent également entendre chaque semaine la version radiophonique d'*Un homme et son péché*.

Souvent à couteaux tirés avec Rumilly, il se retrouve cette fois sur la même longueur d'onde, au propre et au figuré, puisque la station de radio montréalaise CKAC diffuse, dans un court laps de temps, leurs causeries respectives sur l'affaire Bernonville.

Grignon se présente au micro l'indignation au cœur. Jusqu'à maintenant, clame-t-il, il s'est abstenu d'intervenir dans cette affaire, pensant assister d'un jour à l'autre à un dénouement heureux. Mais les choses dépassent les bornes. Les ministres pensent comme leurs fonctionnaires et veulent traîner ce fidèle serviteur du Maréchal devant les adversaires de Charles Maurras, ce glorieux journaliste. «Ce ne sont pas les résistants qui ont sauvé la France, déclare-t-il. C'est Pétain et avec lui ses bons serviteurs[8].» Grignon revient également sur le thème de l'immigration:

> N'est-il pas vrai que nous recevons dans nos murs de la ratatouille, de la canaille, des métèques importés des quatre coins du monde? Pourquoi alors ne pas accepter un réfugié politique, un Français honorable, digne de nos ancêtres et de nos plus chères traditions.

Rumilly lui emboîte le pas à quelques jours d'intervalle. Sa causerie est financée par l'Union nationale et s'inscrit dans le cadre de conférences généralement tenues sur le thème de l'autonomie provinciale. Cette

8. Transcription d'une causerie radiophonique de Claude-Henri Grignon, le 25 février 1951 (RR; ANQ; 14).

fois-ci, le pamphlétaire se drape de l'impartialité de l'historien afin d'établir des parallèles entre l'histoire du Québec et cette affaire. Les deux causeries présentées en février et mars 1951 constituent une anthologie de l'ensemble des arguments mis de l'avant depuis deux ans et demi. Y passent encore une fois les liens entre cette histoire et les Patriotes de 1837-1838. Les y rejoint la référence faite à l'affaire Louis Riel. Métis francophone de l'Ouest canadien, sa pendaison, à la suite de l'insurrection de ce peuple, déchaîna l'antagonisme entre les Canadiens anglais et les Canadiens français à la fin du XIXe siècle.

Rumilly y convoque également tour à tour les épurés de la Révolution française et les Anglais lors de leur procès orchestré contre Jeanne d'Arc. L'ancien Camelot du Roi implique, sans doute à leur corps défendant, des gens qui aimeraient bien qu'on les oublie; les religieux qui ont permis à Bernonville d'échapper à l'épuration. Rumilly laisse même sous-entendre que des religieux canadiens-français auraient participé au sauvetage du comte.

Le mysticisme de Jacques de Bernonville est relevé et Rumilly persiste dans sa mauvaise foi au sujet du rôle des services de Maintien de l'Ordre dans la France occupée. Le gouvernement du maréchal Pétain, soutient-il, les avait créés afin de protéger la population contre les actes de terrorisme.

Enfin, l'érudit en verve met au pilori le premier ministre Louis Saint-Laurent. Il l'accuse d'être aux ordres des communistes et de contribuer à augmenter les effectifs actuels dans les prisons françaises. L'auteur de la biographie du chef libéral canadien, Wilfrid Laurier, appelle enfin à boycotter les libéraux lors des prochaines élections[9].

9. Transcription des deux causeries radiophoniques de Robert Rumilly à CKAC, février et mars 1951 (RR; ANQ; 14).

La coupe est pleine pour ces derniers. Quelques jours après l'une de ses causeries, Rumilly reçoit une lettre de menaces griffonnée à la main par un partisan de Saint-Laurent. Caractéristique du parler populaire de l'époque, le message non équivoque est reproduit ici avec toutes ses fautes. La note démontre l'intérêt particulier des libéraux dans cette affaire: celui d'esquiver les remous sur le plan électoral. Enfin, elle dévoile des sentiments xénophobes, courants durant cette période, contre les ressortissants français.

> Sale traitre, si tu pense que tout le monde dans Québec est en faveur du traite de Français Bernonville tu te trompe. Les sales chiens sales qui font tuers nos frères, les Canadiens les maudits comme la vieil charogne à Pétain, la corde pour ces laches. Tu es trop lache pour aller dans ton pays de Quêteux pour y vivre. C'est comme les hommes qui vienne beugler, pour avoir du pain, qui nous méprise après. Dans ton pays y font rien que quêter, ils ont pas assez de tête pour former un gouvernement qui durera 40 ans comme les libéraux. Parle donc de ca au Radio, toi Chaloult Hamel Arcand Hitler «votre» gang. Vive Saint-Laurent et les libéraux. La corde à Bernonville[10].

D'un cran plus prosaïque sera la réplique assenée par le batailleur T. D. Bouchard. Lorsqu'il a entendu «ânonner à la radio cet émigré au verbe sec et au débit saccadé», son sang n'a fait qu'un tour. Selon Bouchard, Rumilly s'est inféodé à une clique de séparatistes et de réactionnaires pour semer la discorde entre Canadiens. Le sénateur libéral et partisan fédéraliste inconditionnel s'offusque également du traitement infligé à Saint-Laurent.

> Il est clair comme de l'eau de roche que ce conférencier n'est pas engagé pour vulgariser l'histoire; il reçoit son

10. Lettre manuscrite non signée envoyée à Robert Rumilly (RR; ANQ; 14).

> salaire pour la défigurer dans le but de nuire aux partisans de l'unité canadienne et promouvoir la cause de ceux qui veulent séparer notre province de la confédération et du commonwealth britannique pour faire de nous de simples Québécois. Cette politique de suicide national nous mettrait encore plus à la merci des réactionnaires que nous le sommes actuellement[11].

Un personnage encombrant

Malgré les coups de collier donnés par Rumilly à la radio, l'appui à Bernonville retourne tranquillement vers la case départ, celle des groupuscules pro-Vichy toujours en action. Plusieurs nationalistes admettent, en privé, ne plus se soucier de cette affaire bien qu'ils se disent et demeurent toujours sympathiques à Bernonville. La presse, quant à elle, n'en fait plus ses choux gras comme aux beaux jours de l'automne 1948 où l'on s'accusait de «bernonviller».

Un militant actif de la cause, le Dr Damien Saint-Pierre, sent le besoin de le rassurer. «Évidemment, lui dit-il, je suis en faveur ou pro-Bernonville de toutes mes forces envers et contre tous[12].» L'historien tente également de se convaincre de l'impossibilité de la déportation de Bernonville. Cette guerre au couteau qu'il mène depuis plusieurs années doit nécessairement conduire à la victoire. Selon lui, un procès du commandant de Bernonville en France équivaudrait, en raison de ses ramifications, à la réouverture de la guerre civile.

Pourtant, le premier ministre Saint-Laurent ne se laisse pas infléchir par les menaces de boycott électoral. Il a remporté haut la main les dernières élections et

11. *Le Haut-Parleur*, 24 février 1951.
12. Lettre de Damien Saint-Pierre à Robert Rumilly, le 23 février 1951 (RR; ANQ; 12).

mesure bien l'essoufflement où en est rendue cette histoire. C'est de fait un tout autre Saint-Laurent qui émerge devant Bernonville. Le 19 mars 1951, son secrétaire particulier adresse en son nom une fin de non-recevoir à ses requêtes successives. Par contre, désireux d'en finir, Saint-Laurent formule une voie de sortie honorable pour le Français. Le retour en France, lui écrit son secrétaire, ne constitue pas le seul choix. Il y aurait lieu d'examiner pour Bernonville d'autres destinations. Peut-être d'autres pays pourraient se dire prêts à l'accueillir[13].

Mais le pire est à venir pour les protecteurs du milicien. Le 27 mars 1951, René Chaloult informe Rumilly d'une nouvelle tuile. Décidément, la défense de ce Français devient difficile. Alarmé, le député lui confie:

> J'ai communiqué avec Noël Dorion, un des plus fidèles amis de de B. Il me dit qu'il est extrêmement inquiet par tout ce qu'il entend dire au sujet du dossier. Non seulement, l'assure-t-on, il a reçu de l'argent des Allemands, mais il aurait même fait partie des troupes de choc SS[14].

Déconfit, celui-ci poursuit:

> Le Dr Hamel m'apprend pour la première fois ce matin que le commandant Quivault [*sic*], un fidèle du Maréchal, lui avait dit de se méfier parce que de B., agissant loyalement dans l'exécution de ses fonctions, avait reçu en effet de l'argent allemand. De la part du commandant ce n'était pas un blâme qu'il adressait à de B., mais un conseil de prudence qu'il donnait au Dr Hamel.

Cette nouvelle met bien sûr dans l'embarras. L'Allemagne d'Hitler, après tout, représente bien pour

13. *The Globe & Mail*, 14 janvier 1984.
14. Lettre de René Chaloult à Robert Rumilly, le 27 mars 1951 (RR; ANQ; 14).

les Canadiens français l'ennemi contre lesquel ont combattu plusieurs des leurs. Cette information, doit-on lire entre les lignes, ne doit pas être connue. «Je pense d'ailleurs, ajoute un Chaloult sarcastique, que vous êtes au courant de tous ces faits. Pour ma part, ils ne m'impressionnent nullement et je suis prêt à mettre mon nom partout et à aller jusqu'au bout dans cette affaire.»

Le député concède cependant qu'il n'en va pas de même de tous les militants. Plusieurs, particulièrement actifs, se désistent. Certains, comme Noël Dorion, préfèrent ne plus voir publier leurs noms dans les tracts du Comité. D'autres, comme Émilien Rochette, acceptent de continuer, bien qu'ils soient au courant des accusations. Ces derniers forment cependant une minorité.

Quant au Dr Hamel, il entend toujours poursuivre mais, de plus en plus malade, il ne peut suppléer en énergie aux départs. Le 28 mars 1951, Hamel adresse une lettre de supplique à Bernonville dans laquelle il lui fait part d'informations peu rassurantes circulant à son sujet. Pour se préparer à riposter à la publication de celles-ci, Bernonville doit l'aider en lui disant tout et en s'expliquant. Hamel cherche déjà à voir avec lui comment on pourra retourner cette situation:

> De grâce, donnez-nous le moyen de réfuter les accusations comme quoi vous auriez fait partie de la milice allemande et touché une solde allemande [...].
>
> On ne me convaincra jamais que vous avez fait autre chose que servir héroïquement votre pays, mais je tiendrais à ce que vos amis soient en état de vous défendre en expliquant ce qui peut paraître *prima facie* une trahison[15].

Au printemps de 1951, le Comité de défense des réfugiés politiques français s'est passablement réduit.

15. Lettre de Philippe Hamel à Jacques de Bernonville, le 28 mars 1951 (RR; ANQ; 14).

Parmi ses membres, on compte les députés au parlement fédéral Bona Arsenault, Henri Courtemanche et Paul-Edmond Gagnon. Les députés au parlement provincial sont représentés par René Chaloult et Alfred Plourde. Ce dernier, député de l'Union nationale depuis 1948, est celui-là même qui a donné asile et embauché Bernonville dans son entreprise forestière de Saint-Pacôme en 1947.

Parmi les autres membres, on note la présence d'Antoine Masson, qui a affirmé avoir été sauvé en France grâce aux bons offices du commandant de Bernonville. Il y a André Payette, délégué de l'Université de Montréal, le maire Mongrain de Trois-Rivières, Damien Saint-Pierre d'Ottawa, Anatole Vanier de Montréal et, bien sûr, Robert Rumilly[16].

Sollicité pour qu'il adhère au Comité, Léo Guindon de l'Alliance des professeurs catholiques de Montréal invoque le manque de temps. L'année précédente, il avait signé, aux côtés de plusieurs autres personnalités, une pétition en faveur du comte. «Je crois, écrit-il à Rumilly le 30 mars 1951, que dans le moment, j'ai suffisamment de difficultés à affronter sans aller directement faire miennes celles des autres[17].» Sans siéger au Comité, le curé de la paroisse où réside Bernonville contribue financièrement afin de couvrir les frais judiciaires du comte. Celui-ci, estime le prêtre, figure parmi ses paroissiens les plus fervents.

Bernonville, qui s'occupe maintenant d'assurances, rencontre également un certain soutien parmi ses collègues de travail. Le 6 mai 1951, à Montréal, lors du congrès annuel de l'Union des compagnies d'assurances, Bernonville est amené à raconter brièvement ses expé-

16. Communiqué du Comité pour la défense des réfugiés politiques français, probablement printemps de 1951 (RR; ANQ; 14).
17. Lettre de Léo Guindon à Robert Rumilly, le 30 mars 1951 (RR; ANQ; 14).

riences durant la guerre. Il y dénigre au passage certains membres de la colonie française, sans doute pense-t-il aux anciens combattants des Forces libres. Cependant, il se fera surtout remarquer en affirmant voir en Pétain et Franco les deux plus grands diplomates de la dernière guerre.

Au cours de ce même congrès, Yves Benoit, psychologue et auteur du livre *Comment vaincre sa timidité*, fera l'éloge, dans sa présentation, du comte de Bernonville. Il le dépeindra comme une victime «de la franc-maçonnerie juive[18]» qui le traque même à Montréal. Il est significatif de constater, observent les dirigeants du Congrès juif dans un de leurs mémos, que ni *Le Devoir*, ni le *Montréal-Matin* n'ont repris cette dernière citation[19]. En revanche, *Le Canada* ne manquera pas cette occasion.

En France, Bernonville peut compter sur son mystérieux ami de Lyon, le dénommé Reynaud. À l'occasion du passage prochain du président français Vincent Auriol en terre canadienne, Reynaud conjure encore une fois les partisans du comte de crier leur indignation face à l'emprisonnement du Maréchal.

La venue du président au Canada au printemps de 1951 ne soulèvera pas les réactions escomptées par Reynaud. Toutefois, un journaliste du quotidien *Le Monde*, posté à Washington, Maurice Ferro, couvrira la tournée du président et en profitera pour dresser un portrait du Canada français de 1951.

Arrivant de Washington, le correspondant diplomatique notera tout de suite que le premier contact avec le Québec s'effectue en anglais. Des fonctionnaires vêtus de leur uniforme bleu marine lui souhaitent la bienve-

18. *Le Canada*, 7 mai 1951.
19. Revue de presse de D. Kirshnblatt à Saul Hayes, 15 mai 1951 (DB; ACJC).

nue dans cette langue. Il découvre cependant sur des routes devenues moins lisses une pointe de clocher laissant deviner l'inspiration française et surtout un parler plutôt rocailleux. Il avoue en avoir décodé la signification en repensant au patois mi-normand, mi-picard du siècle de Louis XIV. Et puis, il y a cette religion omniprésente, gardienne des coutumes et de la langue.

Au cours de son voyage, Ferro rencontre une «très haute personnalité officielle montréalaise». Le journaliste ne peut citer son nom, mais il pourrait bien s'agir du maire de Montréal, Camillien Houde. Ce dernier l'entretient de la guerre et surtout de sa vision des enjeux en cause à l'époque. On se demande qui, de Rumilly ou de Houde, peut tenir le mieux un tel langage:

> Dans le Québec, nous sommes d'extrême droite. Nous ne voulons pas faire la guerre à un régime de même tendance, fût-il aussi mauvais que celui de Hitler. L'Angleterre nous a entraînés dans deux guerres contre notre propre gré. Ces aventures, dans lesquelles nous avions tout à perdre et rien à gagner, nous ont effectivement coûté cher[20].

Étonné, le journaliste enchaîne sur l'affaire Bernonville. Il demande à son interlocuteur s'il connaît la participation de Bernonville à la répression contre les résistants.

> Mon interlocuteur n'avait-il jamais entendu parler du plateau des Glières, de la sinistre opération menée par les SS sous la direction de Bernonville, où les 400 patriotes trouvèrent la mort? Il commence par mollir, ou plutôt d'accuser un mouvement de retraite, amorcé depuis quelques jours. Bernonville, convient-il, se révèle un personnage assez encombrant. Ah! s'il pouvait aller en Argentine, gagner un autre pays.

20. *Le Monde*, 16 mai 1951.

Aussitôt l'article publié, Bernonville peaufine sa riposte au quotidien. Astucieux, il utilise les informations partiellement erronées sur son passé pour en dénigrer l'ensemble. Le quotidien publiera sa lettre ouverte, mais deux mois plus tard[21]. La plaidoirie de Bernonville s'articule autour de quatre points: 1. Il n'a jamais combattu dans les rangs allemands (effectivement, la Milice, ce n'est pas la Wehrmacht); 2. Il n'a jamais dirigé la Milice lyonnaise (sur le strict plan organisationnel, il a raison. Ses fonctions à Lyon étaient celles de gouverneur militaire, une façade administrative pour couvrir la Milice); 3. Il n'a jamais porté l'uniforme allemand (probable, les habits du milicien empruntaient plus à l'uniforme des Chasseurs alpins français); 4. Il n'a jamais dirigé d'opérations menées par les SS, ni aux Glières ni ailleurs (aux Glières, la direction suprême des opérations sur le terrain était assumée par Vaugelas. Bernonville pourrait également alléguer avec raison qu'il n'est pas monté au front avec les Allemands, lors de l'assaut du 26 mars 1944. Cette journée-là, du moins, il est plutôt resté en bas afin d'assurer l'étanchéité de la souricière).

La défense de Bernonville repose sur un jeu de mots qui impressionnera tout de même un peu la direction du *Monde*. Elle lui laissera le bénéfice du doute et admettra, à la fin de cette lettre, que le journaliste n'avait pu vérifier sur place toutes les informations.

Projet de kidnapping

La visite du président français survient au moment où le premier ministre canadien est l'objet de pressions de plus en plus aiguës de la part des militaires. Excédés

21. *Ibid.*, 18 juillet 1951.

de voir se retrancher Bernonville derrière d'ultimes procédures, ces derniers ont décidé de passer à l'action.

Le récit suivant est digne d'un roman d'espionnage de John Le Carré[22]. Des militaires canadiens, principalement d'anciens aviateurs ayant combattu durant la dernière guerre en Europe, reprennent contact avec un de leurs camarades d'armes américain qui est devenu, entretemps, un prospère industriel du Texas. L'Américain connaît bien la Milice. Au cours du second conflit mondial, son avion avait été abattu au-dessus de la France et il avait dû alors sauter en parachute. Des résistants l'avaient recueilli et il leur doit d'avoir échappé aux miliciens.

Mis au fait de l'interminable saga canadienne, l'homme d'affaires, enragé, conçoit un projet totalement farfelu. Enfin, pas si farfelu, puisque dix ans plus tard, les services secrets israéliens le mettront à exécution lorsqu'ils voudront mettre la main, en Argentine, sur le criminel de guerre nazi Adolf Eichmann.

Le Texan concocte l'idée d'enlever Bernonville de son domicile de Montréal pour l'emmener par avion à Plattsburgh, ville située sur le lac Champlain aux États-Unis. De là, on le livrerait par la suite à la justice française en le rembarquant à nouveau sur un petit appareil dirigé, cette fois, sur les îles Saint-Pierre-et-Miquelon.

Les anciens combattants français Michel Pichard et Roland Haumont sont mis au courant et priés de se trouver un alibi pour démontrer qu'ils ne trempent pas dans le coup[23]. Sans doute en raison du rocambolesque de l'idée, le projet est rapidement abandonné.

22. Entretien avec Roland Haumont, printemps de 1994, Montréal.
23. Le directeur de la Gendarmerie royale du Canada de l'époque, affirme Roland Haumont, fit savoir au colonel Pichard, à Étienne Kraft ainsi qu'à lui-même qu'il valait mieux «s'inviter» chez lui si le kidnapping se réalisait, cela afin d'avoir un alibi de béton. Le haut responsable de la Gendarmerie royale savait, de source sûre, qu'Hilaire Beauregard, de la Police provinciale, envisageait de les faire arrêter sur-le-champ.

Mais l'Américain ne lâche pas prise. Il déclare à qui veut l'entendre son intention de mettre sur la table la somme de 75 000 dollars dans une campagne contre Saint-Laurent si ce dernier n'envoie pas rapidement en France l'ancien chef milicien.

La menace parvient aux oreilles de Saint-Laurent. Ce n'est, bien sûr, qu'une rumeur de plus, mais il comprend l'urgence d'augmenter à nouveau la pression. Pour ce faire, il se tourne vers la hiérarchie religieuse de Québec. Une note préparée par les conseillers de Saint-Laurent examine le rôle du clergé du diocèse de Québec dans l'affaire des collaborateurs français arrivés au pays. On y indique que les religieux sont dupes des pétainistes en ne voyant ou en ne voulant voir dans les miliciens que de bons catholiques. Le mémo poursuit sur un ton narquois en soulignant comment des dignitaires de ce diocèse se sont ardemment portés à la défense de ces «grands catholiques fuyant les communistes[24]». Ceux-ci ont trouvé un point de chute logique à Québec dans la capitale de la Nouvelle-France.

De nombreux religieux au Québec, peut-être la majorité, ont en effet partagé la cause des partisans du comte de Bernonville. Parmi ceux-ci figurait l'historien et chanoine Lionel Groulx[25].

Il y a toutefois des exceptions, tels les Sulpiciens de Montréal qui ont rapidement pris leurs distances face à cette affaire. L'archevêque de Montréal, Mgr Joseph Charbonneau, a observé un grand silence dans cette histoire. Jusqu'à son départ précipité en 1950, il a cependant fait discrètement preuve de sympathie pour les Français libres cherchant la déportation de Bernonville. Le supérieur de la maison mère des pères du Sacré-

24. Notes confidentielles adressées à Louis Saint-Laurent (LST; ANC).
25. Lettre de Robert Rumilly au chanoine Lionel Groulx, le 20 avril 1950; Fonds Lionel Groulx, P1/A, 3232, Centre de recherches Lionel Groulx, Montréal.

Cœur à Longueuil, au sud de Montréal, était quant à lui plus explicite dans son opposition à Bernonville. Cet ancien survivant du camp de Dachau avait déclaré dans un de ses sermons à propos de Bernonville: «Dieu a dit: "Allez, vos péchés seront remis à ceux qui les ont perpétrés." Bien, à lui, je ne lui remets pas[26]!»

Le premier ministre mesure donc bien l'influence des autorités ecclésiastiques et particulièrement le rôle de l'archevêché de Québec. Très discret, Mgr Maurice Roy ne s'est pas engagé directement dans l'affaire. Peut-être a-t-il conservé un contact avec le Comité de défense par le biais de Mgr Vandry. Une note d'une dame Racine le laisse croire. Écrivant à Rumilly au sujet de l'affaire Bernonville, celle-ci rapporte que «Mgr V. [peut-être également Mgr Valois] me recommande d'être bien discrète au téléphone car il prétend que nous pouvons être surveillés[27]».

Mgr Roy est vu par Saint-Laurent comme celui qui peut donner le signal de cessation de l'engagement aux côtés de Bernonville. Un peu avant l'été, Saint-Laurent prend donc contact avec l'archevêque. L'ancien avocat de Québec va cette fois-ci droit au but: «Vos amis l'ont fait entrer ici, vos amis vont le faire sortir[28].» Le message, rapporté par T. D. Bouchard, ne peut être plus clair. L'intervention du premier ministre porte fruit et la campagne pro-Bernonville perd, à partir de ce moment, encore un peu plus de son tonus.

Se sachant sans doute abandonné de toutes parts, Bernonville suit le conseil de Saint-Laurent et cherche asile ailleurs. Même les membres de sa famille ne croient plus en ses chances de rester au pays. Démoralisés, certains ont commencé à rentrer en France depuis peu.

---

26. Entretien avec Roland Haumont, printemps de 1994, Montréal.
27. Lettre de L. Racine à Robert Rumilly, le 26 avril 1950 (RR; ANQ; 10).
28. Entretien avec Roland Haumont, printemps de 1994, Montréal.

Parallèlement à ses démarches, son avocat, le réputé Jacques Perrault, prépare le terrain pour un nouveau procès. Bernonville a en effet obtenu un deuxième *habeas corpus* et doit bientôt affronter la cour. Perrault le défend, tandis que l'avocat Guy Favreau s'apprête à plaider pour les autorités fédérales.

Au beau milieu du mois d'août, à la suite d'une fuite, des journalistes se précipitent à l'aéroport de Dorval pour assister au départ soudain de Jacques de Bernonville. Le secret entourant son envol vers le Brésil a été complet et le décollage doit avoir lieu dans quelques minutes.

Le trajet du quadrimoteur ne prévoit aucun arrêt sur le sol des États-Unis. Et pour cause. Les Américains ont en effet refusé à Bernonville la permission d'atterrir sur leur territoire, ne serait-ce que pour changer d'avion. (*Le Devoir* verra dans le geste un manque de générosité. Dans les faits, cependant, le quadrimoteur, en panne y effectuera tout de même une courte escale.)

Son épouse, sur place, l'accompagne jusqu'au quai d'embarquement afin de lui faire ses adieux. Sont également présents le consul du Brésil à Montréal, son avocat Jacques Perrault et quelques amis.

Même ici, l'avocat Perrault défend toujours son client. Des industriels de Rio de Janeiro, déclare-t-il, lui ont offert une situation intéressante. Et voilà, le comte a accepté et il s'envole. Bernonville, poursuit Perrault, ne voulait pas constituer un sujet de dissension entre les Canadiens. Et puis, affirme Perrault, le Brésil, au contraire du Canada, ne craint pas la France[29].

Le séjour de cinq ans de l'ancien chef milicien au Canada s'achève dans la plus parfaite indifférence. Aucune réaction de colère ni manifestation d'organismes ne suit cet événement, rapporté tout de même

29. *Le Devoir*, 18 août 1951.

en manchette dans la plupart des journaux. Sans doute, les consignes de Mgr Roy y sont pour quelque chose. Dans la presse de langue anglaise, *The Standard* criera bon débarras. En éditorial, on y rappelle les divers documents incriminant Bernonville publiés par le journal au cours de cette histoire.

Quelques jours avant de quitter son asile canadien, Bernonville a écrit une lettre d'adieu à ses partisans du Comité de défense. «Je garde, leur dit-il, une vision merveilleuse de votre belle province de Québec, en plein essor, et de sa population qui a miraculeusement conservé vivaces les plus belles de nos traditions françaises et catholiques[30].»

L'affaire Bernonville meurt au moment même où s'éteint, dans l'île d'Yeu, Philippe Pétain à l'âge de quatre-vingt-quinze ans. Son décès, le 23 juillet, marquera la double fin de cette histoire et en constituera l'épilogue sur le sol canadien. Dès avant sa mort, un petit groupe de vichystes inspirés par Rumilly lancent l'idée d'une messe en sa mémoire. Malgré les communiqués parlant d'un grand nombre de personnalités réunies à l'église Notre-Dame de Montréal, peu de gens assistent au service.

Les dignitaires présents forment tout de même le noyau dur des sympathisants pétainistes au Québec. On y retrouve des Canadiens d'origine française tels Jean Bonnel, Jacques Fichet, le Dr Boussat, Louis Even, Robert Rumilly, ainsi que des anciens combattants. Ces Français se considèrent avant tout comme pétainistes. Leur nationalisme suit, parfois de près, parfois de loin.

Du côté des Canadiens français, certaines ligues nationalistes sont représentées, notamment la Société Saint-Jean-Baptiste de Montréal et la Ligue nationale.

30. Lettre de Jacques de Bernonville aux membres du Comité pour la défense des réfugiés politiques français, le 15 août 1951 (RR; ANQ; 12).

Des représentants de groupes religieux, comme la Ligue du Sacré-Cœur ou les Jésuites, font également partie de l'assemblée. Le pétainisme de ces nationalistes et religieux s'amalgame à leurs convictions profondes, mais en les enrichissant. Le résistant français de la première heure André Malavoy constate bien à son arrivée à Montréal à l'été de 1951 l'importance, encore à cette époque, des sympathies québécoises pour Pétain[31].

Tous ces sympathisants, bien sûr, se sont découvert des atomes crochus avec Bernonville au cours des trois dernières années. Les organisateurs de la messe ont bien tenté de solliciter de nouveaux visages, mais en vain.

Cinq jours après le service funèbre, le magazine torontois *Maclean's*, sous la plume de son journaliste McKenzie Porter, publie, dans son édition du 15 novembre, un véritable réquisitoire contre Bernonville. Le panorama est complet. Il établit dans les moindres détails les allées et venues de Jacques de Bernonville entre 1940 et 1944, soit au moment de l'occupation allemande de la France. La contribution du journaliste ne consiste pas dans la mise au jour du passé collaborationniste du comte. En cours d'affaire, un certain nombre de documents avaient été publiés par la presse, principalement la presse de langue anglaise. Non, son apport réside plutôt dans une récapitulation minutieuse de la vie de Bernonville, l'ensemble ayant un goût de profond scandale.

S'appuyant sur des documents de première main transmis par d'anciens résistants, Porter fait la preuve, hors de tout doute raisonnable, des crimes commis par Bernonville durant cette période. Le maire Camillien Houde a tenté de le convaincre de ne pas publier ces faits en accusant le journaliste de vouloir envoyer Bernonville à une mort certaine. Le reporter a cependant

31. Entretien avec André Malavoy, printemps de 1994, Montréal.

poursuivi son travail. Étrangement, il admet posséder ses pièces à conviction depuis deux années. Il justifie son silence par la tournure judiciaire qu'a prise l'affaire à partir de 1950.

L'assassinat de Jacques de Bernonville

Aussitôt arrivé au Brésil, Bernonville y donne une conférence de presse où il admet avoir servi sous la Milice, mais déclare s'en être détaché par la suite. En attendant de trouver mieux, il loge au monastère Santo-Antonio de Rio de Janeiro. L'ancienne famille royale des Bragance devant l'accueillir a rapidement pris ses distances par rapport à ce personnage compromettant.

Quant aux autorités canadiennes, elles l'ont toujours à l'œil par le biais de leur ambassadeur dans ce pays. Le ministère des Affaires extérieures du Canada a en effet ordonné de faire discrètement enquête sur sa situation. Régulièrement, le diplomate rend compte à Ottawa des allées et venues du Français. Les fonctionnaires cherchent particulièrement à connaître ses intentions quant à un éventuel retour au pays. À tout prix, ceux-ci entendent bloquer sa réapparition, porteuse de division entre les «deux solitudes». Les indices d'une telle possibilité existent. L'avocat Jacques Perrault maintient effectivement le contact avec Bernonville et attend de nouvelles directives.

Le fugitif est également en liaison avec la fidèle Mme Racine. D'autres également, René Chaloult, Anatole Vanier, le député fédéral Jean-François Pouliot et Robert Rumilly, entretiennent une correspondance avec lui. Rumilly, par exemple, toujours généreux pour ses camarades de combat, lui transfère dans un compte au Brésil une aide financière fort bien reçue par Bernonville.

Les chances de retour s'amincissent cependant. Le Canada semble montrer les dents et ne plus représenter cette destination de choix pour collaborateurs. Pourtant, d'autres établissent le contact avec Rumilly afin de tenter, eux aussi, leur chance en Amérique. Rumilly tempère leurs ardeurs et leur fait prendre conscience des difficultés à venir s'établir ici. Le Canada, leur dit-il, ne constitue pas l'Eldorado tant souhaité.

Un ancien employé de Philippe Henriot, secrétaire à l'Information sous Vichy, lance tout de même un appel à l'historien. De Mansourah, en Égypte, Georges Grossis s'informe des possibilités de travail à l'Université Laval. L'épuré vit présentement de ses émoluments comme professeur de langue française dans une école secondaire. Il a entendu dire que l'université de Québec recrutait des Français chaque année. Est-ce vrai?

Condamné à mort dans son pays, l'enseignant craint en outre les répercussions de la crise franco-anglaise du canal de Suez sur son séjour dans ce pays. C'est pourquoi son regard se tourne prestement vers le Canada. Mais il y a plus. Le réprouvé l'est aussi au sein du petit cercle de Français établis dans la ville. Noyé, se dit-il, au milieu d'un océan d'étrangers, il se sent également incompris par ses compatriotes[32].

L'amnistie partielle décrétée en France en 1951 offre la perspective de voir le Canada recevoir d'anciens collaborateurs mais, cette fois-ci, en règle et passeport authentique en main. C'est le cas de Gaston Bonjour, ingénieur à Avignonet. La loi d'amnistie abrogeant la peine d'indignité nationale pour les condamnés à moins de quinze ans lui permet de rentrer en possession de ses papiers. Il envisage donc de quitter la France en toute légalité. Bonjour justifie sa décision à Rumilly en disant

32. Lettres de Georges Grossis (Mansourah, Égypte) à Robert Rumilly, le 3 janvier 1951 (RR; ANQ; 13) et le 6 juin 1951 (RR; ANQ; 8).

vivre une véritable vie de fou en France. Il en a contre la terreur judéo-gaullarde et les anciens des FFI, les Forces françaises intérieures rebaptisées par lui «Fripouilles Françaises et Internationales». Bonjour veut fuir une France libérée à nouveau aux mains de la juiverie:

> [...] ce pays n'est plus le nôtre. Nous, nous n'y sommes plus rien. Les juifs l'ont accaparé. Et ils y ont tout perverti, tout piétiné, tout corrompu, tout pourri. Votre famille, vos amis personnels, votre entourage quotidien, tout est profondément imprégné de la mentalité messianique, maladive, démoniaque, cupide et larmoyante, versatile et indifférente, naïve et puérile du Juif [...] Tout est contaminé. Tout est gangrené. Très peu de cerveaux vigoureux y échappent encore[33].

Dans sa dernière lettre à Robert Rumilly, datée du 26 mai 1952, Gaston Bonjour dit être sur son heure de départ pour sa nouvelle vie au Canada. L'historien de Ville Mont-Royal l'a bien préparé en lui fournissant une foule de renseignements pratiques.

Au Brésil, pendant ce temps, les événements ne s'annoncent pas comme prévu. En mars 1952, la France cette fois ne se gêne plus. Elle demande, par le biais de son ambassade, l'extradition de Bernonville afin qu'il soit jugé dans son pays. S'amorce une affaire Bernonville à la brésilienne[34]. À nouveau, les procès, à nouveau, la marche à pas de tortue d'une justice dont les représentants se renvoient la balle.

33. Lettre de Gaston Bonjour (Avignonet, France) à Robert Rumilly, le 26 mai 1952 (RR; ANQ; 13).

34. Au Brésil, l'attaque contre Bernonville fut orchestrée notamment par Maurice Duclos (alias Saint-Jacques). Ancien cagoulard ayant rejoint de Gaulle en 1940, Duclos fit une guerre clandestine brillante qu'il termina avec la croix de la Libération, la médaille de la Résistance et la Military Cross britannique. Il avait fort bien connu Bernonville dans la Cagoule. Après la guerre, Duclos s'était installé au Brésil. (Entretien avec Roland Haumont.) Sur Duclos, voir Henri Noguères, *Histoire de la Résistance en France*, Paris, Robert Laffont, 1972.

La presse brésilienne le traite de «gauleiter» et de «bourreau nazi». Bernonville s'en défend, invoquant la nécessité d'obéir au Maréchal. Entre-temps, la justice brésilienne rend un jugement défavorable ouvrant la voie à l'extradition. Bernonville, alarmé, communique avec ses amis du Canada afin de les exhorter à lui faire parvenir toute la documentation le dépeignant sous son meilleur jour. Bernonville demande à Anatole Vanier de lui transmettre entre autres un exemplaire du journal communiste de langue anglaise qui exigeait, dans un de ses éditoriaux, son départ du Canada.

En 1955, Bernonville craint sérieusement de perdre son nouveau procès. Aiguillonnée par les services diplomatiques français, une partie de la presse brésilienne mène une attaque féroce, autrement plus en tout cas que celle qui s'était livrée au Canada quatre ans auparavant. Bernonville se voit au pied du mur et l'écrit à Rumilly:

> Ici, cela a dépassé toutes les limites de l'abjection: «gauleiter» des plus cruels dans l'histoire du nazi-fascisme, bandit, assassin de centaines de «patriotes», incendiaire, pillard, tortureur, homme dont le cœur n'a aucun sentiment français et chrétien... tellement cruel que les occupants eux-mêmes ont demandé sa «substitution», a reçu des millions pour trahir. Voilà quelques informations «officielles» données par l'ambassadeur de France[35].

Après de multiples rebondissements judiciaires, la Cour suprême fédérale du Brésil déboute, en octobre 1956, la demande d'extradition de la France. Dorénavant, dira Tiago, alias Jacques Benoit, c'est-à-dire Jacques de Bernonville, personne ne peut plus me toucher. Le havre de paix brésilien est enfin trouvé. Il le fait remarquer en 1968 à Robert Rumilly, en rapportant un

35. Lettre de Jacques de Bernonville (Rio de Janeiro, Brésil) à Robert Rumilly, le 7 février 1955 (RR; ANQ; 13).

propos tenu par l'un de ses protecteurs, un autre religieux, gens de soutane si précieux au même moment en France pour Paul Touvier. «Comme disait un bénédictin de mes amis: "En somme la Providence a bien conduit vos pas[36]"...»

On le voit, encore à cette époque, Bernonville conserve le contact avec Rumilly. Mais les liens s'atténuent au fil des ans. L'objet de la reprise de la correspondance en 1968 survient en raison de l'intervention de l'historien français Robert Aron. Aron poursuit des recherches sur l'épuration française pour la suite de ses volumes consacrés à ce thème. Il fait donc appel à Rumilly afin de se faire tracer le portrait de Jacques de Bernonville et de toute cette histoire ayant eu lieu au Canada.

Rumilly oppose beaucoup de méfiance à la requête de son collègue de Paris. Il se met à dépouiller les écrits d'Aron, traquant dans son *Histoire de l'épuration* le moindre adjectif péjoratif relativement à la cause des épurés français.

Il fait part de ses réticences à Aron et montre ses couleurs:

> J'ai rencontré plusieurs victimes de l'épuration, et les ai défendues ici. C'étaient tous des chic types, qu'un généreux élan avait animés. Il faut tout de même saluer le cran des volontaires qui sont allés se battre en Russie — en Russie! — alors que la partie paraissait déjà bien compromise[37].

Une vieille connaissance, Jacques Isorni, de Paris, estime du devoir de Rumilly de rencontrer Aron. Même si les «entreprises» de l'historien français ne lui donnent pas entière satisfaction, il s'agit, au dire de l'avocat,

36. Lettre de Jacques de Bernonville (Rio de Janeiro, Brésil) à Robert Rumilly, le 8 mars 1968 (RR; ANQ; 14).
37. Lettre de Robert Rumilly à Robert Aron, le 22 janvier 1968 (RR; ANQ; 12).

d'une chance à ne pas manquer. «Cela peut être même, lui dit-il, l'occasion d'aider à éviter les nouvelles erreurs de sa part[38].» Aron verra finalement Rumilly à Montréal et il s'établira par la suite, entre eux, une certaine collaboration professionnelle sur des thèmes liés à la participation des Canadiens français à la Deuxième Guerre mondiale.

Le 5 mai 1972, alors qu'il s'entretient dans sa résidence de Mont-Royal avec le jeune historien Pierre Trépanier[39], Robert Rumilly reçoit un coup de fil clôturant pour lui toute une époque. Son ami Jacques de Bernonville vient d'être assassiné au Brésil.

Quelques jours auparavant, le 27 avril, dans l'appartement de Tiago-Bernonville, Wilson Francisco de Oliveira, le fils de sa domestique (sous l'effet de l'alcool et du haschisch, déclarera-t-il à la police), a mis fin de façon violente aux jours de l'ancien chef de la Franc-Garde. Son cadavre a été découvert, garrotté, gisant, dit-on, devant un portrait de Pétain. L'homme avait tout près de soixante-quinze ans. Les ramifications politiques d'un tel assassinat semblent difficiles à établir, bien que Bernonville ait dû, au cours de son séjour en Amérique latine, entrer en contact avec d'anciens nazis réfugiés au Brésil ou dans les pays environnants[40].

Tout juste avant sa mort, Bernonville avait fait part de son intention d'écrire sa version des faits le concernant durant l'Occupation. Sa mort coïncide par ailleurs avec l'identification, dans un pays voisin, de Klaus Altmann, alias Klaus Barbie. Ce dernier avait fui vers l'Amérique latine en 1951, au même moment où Bernonville en faisait autant depuis le Canada.

38. Lettre de Jacques Isorni à Robert Rumilly, le 5 février 1968 (RR; ANQ; 12).
39. Pierre Trépanier, *Robert Rumilly, historien engagé*, 30 p. (RR; ANQ; 8)
40. Cette piste est explorée par William Stevenson dans son livre *La confrérie Bormann*, Paris, Éditions France-Empire, 1975, p. 181.

La nouvelle fit l'objet des gros titres dans la presse brésilienne. Le journal de Rio, *O Globo*, annonça en première page sa mort sous d'énormes manchettes. La nouvelle fut brièvement rapportée et avec autrement moins d'éclat dans la presse française et canadienne.

CONCLUSION

Le syndrome de Vichy au Québec

Québec-Famille-Patrie

Peut-on donner un sens à toute cette affaire à partir d'un si court essai de microhistoire? L'événement en soi semble anecdotique. Un collaborateur des nazis s'installe au Québec et un tapage médiatique s'organise contre sa déportation. L'histoire se voit cent fois encore aujourd'hui. L'ampleur même de ces démêlés doit d'ailleurs être relativisée. Il ne faut pas sous-estimer, en effet, un certain gonflement opéré par la presse sur une affaire génératrice de profits du point de vue de ventes de copies supplémentaires.

Pourtant, tout cet imbroglio peut servir d'instrument historiographique afin de sonder, à un moment donné précis de son histoire, une société à la veille d'amorcer une grande mutation. L'affaire Bernonville permet, en effet, de cristalliser des opinions et des actes sur la scène publique qui auraient pu, sinon, rester à l'état de latence. Elle est révélatrice de bien plus que ce qu'elle annonce.

Bernonville arrive en 1946 dans une communauté ayant très peu compris la guerre européenne et ses objectifs politiques. Le passé exact de ce dernier est même plus ou moins bien saisi par ses défenseurs de la première heure, ceux qui se portent à sa rescousse durant sa période de résidence clandestine. Les méandres de Vichy et de la collaboration relèvent pour plusieurs de la casuistique. Pour tous, cependant, Bernonville représente le pétainiste fidèle au Maréchal.

Les amis canadiens à ses côtés avant l'éclatement de l'affaire, en septembre 1948, forment, on l'a vu, un petit groupe intransigeant à deux branches: des Français modérément nationalistes, mais adulateurs sans faille du Maréchal. Ceux-ci entretiennent la flamme pour des motifs idéologiques, mais également pratiques. L'un avait été le cuisinier de Pétain à Verdun. De l'autre côté, on trouve les nationalistes aux idées politiques réactionnaires, tel Philippe Hamel. Tous savent indubitablement les actes commis par Bernonville à l'endroit de certains de ses compatriotes. S'agissant de communistes, le geste ne suscite pas grand émoi. Il ne s'agit d'ailleurs pas, pour eux, de crimes.

Quant à l'implication de Bernonville avec les nazis, si certains la soupçonnent, ils font à rebours le trajet effectué par d'autres durant la guerre en France. Ils glissent complaisamment, de compromissions en compromissions, afin de cautionner, au nom d'un catholicisme et d'un anticommunisme intégristes, des actes qu'ils auraient pourfendus trois ans plus tôt. C'est ici que, sur les bords du Saint-Laurent, se situe la dérive en différé justifiant la collaboration d'État et occultant le collaborationnisme. Tout se fait cependant au nom du Maréchal. La collaboration, du moins l'un de ses bras, la Milice, trouve ainsi grâce par l'aveugle soutien à Pétain.

L'appui donné au comte par ses premiers partisans ne relève donc pas d'une solidarité avec les nazis ou avec la doctrine nationale-socialiste. Bernonville, lui-même nationaliste maurrassien ayant combattu le boche durant la Première Guerre mondiale, maintenait sans doute ses distances, tout royaliste qu'il était, avec les nazis. Cela n'a toutefois pas empêché ce combattant d'extrême droite de collaborer main dans la main avec la Gestapo afin d'éliminer leurs adversaires communs, les communistes. Le manque de sens politique de Bernonville est patent, et ce depuis au moins son engagement dans la Cagoule dans les années trente.

La dérive durant la guerre de certains mouvements français autonomistes vers l'appui au nazisme n'a pas eu lieu dans la province catholique. Ce glissement vers le nazisme était la conséquence d'un concours de circonstances qui ne seront, de toute façon, pas réunies au Québec. Cherchant à séduire des mouvements établis dans un territoire occupé par l'Allemagne, Hitler a pu attirer vers lui certains individus associés à la cause autonomiste. Les plus susceptibles d'être charmés se retrouvaient dans les mouvements nationalistes corses, bretons et alsaciens. Quelques-uns d'entre eux ont associé le succès de leurs revendications à la victoire du combat nazi. Pour Hitler, toute l'opération relevait de la stratégie plus que des affinités idéologiques. Un triomphe nazi sur l'Europe aurait probablement même provoqué un laminage rapide de ces alliés d'un jour. L'historien Francis Arzalier s'est penché sur toute cette question et il en conclut qu'il n'existe pas de pente naturelle menant de l'autonomisme au fascisme[1].

Au Québec, les nationalistes du Bloc populaire ont été brièvement courtisés à distance par les nazis. Au cours de la guerre, en effet, les services de propagande allemands, raconte Paul-André Comeau dans son ouvrage sur le Bloc populaire[2], ont bien tenté de saisir les possibilités de la création de ce parti nationaliste en 1942, mais en vain. Les sous-marins allemands n'entrent

---

1. Francis Arzalier, *Les perdants; la dérive fasciste des mouvements autonomistes et indépendantistes au XXe siècle*, Paris, La Découverte, 1990.
2. Paul-André Comeau, *Le Bloc populaire, 1942-1948*, Montréal, Québec/Amérique, 1982.

tout de même pas tous les jours dans les eaux du fleuve Saint-Laurent.

Rumilly: un Philippe Henriot québécois

Il faut revenir à Rumilly, le protecteur principal de Jacques de Bernonville. L'historien peut, à juste titre, être considéré comme le Philippe Henriot du Québec. D'une capacité intellectuelle hors du commun, il a retranscrit sur papier québécois les discours du propagandiste vichyste. Les messages du maire, les envolées oratoires de Bona Arsenault et même la version retenue par le juge Cousineau sentent la prose de Rumilly. Il a parachuté sur la province des thèmes tels que le terrorisme des résistants, la déficience de la justice française ou encore les leçons de la Révolution française qui, à première vue, pouvaient rebuter le Canadien français moyen. Celui-ci, bien entouré cependant par une élite lui ayant appris à condamner la République, s'en est satisfait sans passion. D'autres intellectuels viendront bientôt et qui «nationaliseront» l'affaire Bernonville et lui donneront un souffle et une crédibilité qui manquent à l'argumentation primaire de Rumilly.

La position nationaliste de l'historien ne se calque d'ailleurs pas tout à fait sur celle des nationalistes canadiens-français plus conventionnels. Cet urbain ayant fréquenté les cafés de Paris ne croit pas dans le retour à la terre prôné par ses amis. Il militera même pour l'industrialisation du nord du Québec. Quant à sa piété, elle s'avère, dans ce pays pourtant catholique, fort douteuse. Il avouera même un jour flirter avec l'athéisme. Disciple de Maurras, l'Église représente avant tout pour lui un ciment social, faute de mieux. Il importe donc d'appuyer cette institution. Enfin, l'historien prend ses désirs pour des réalités quand il voit dans le Québec la Vieille France d'Amérique. La province respire bien sûr la tradition et le conservatisme d'antan, mais il se trompe d'époque et de pays en l'associant de trop près à la France de saint Louis.

Ce qui ne fait aucun doute, cependant, dans le credo de Rumilly, ce sont ses convictions d'extrême droite. Son antisémitisme, sa haine des francs-maçons et des communistes prendront souvent le pas sur toute autre considération, voire sur certaines causes dites nationalistes.

Rumilly profitera de sa situation d'historien reconnu pour marquer des points dans cette affaire. L'intellectuel, qui pourtant se contraint à une discipline toute positiviste dans ses ouvrages, commence à peine à être remarqué pour son côté pamphlétaire à cette époque. Il s'y lancera avec fougue et démagogie. Somme toute, et paradoxalement, Rumilly n'est pas tout à fait représentatif de l'appui que va donner le Québec à son protégé.

La fabrication d'une affaire

Les choses en sont là au moment où est créée de toutes pièces cette affaire à l'automne de 1948. D'autres que Bernonville ont passé inaperçus dans le Québec et le Canada d'après-guerre. N'eût été de son rang, celui d'un chef et non d'un exécutant comme Touvier, les événements auraient peut-être pris une tournure différente. Les autorités canadiennes ne s'attendaient certainement pas, en tout cas, à ce que Rumilly mette à exécution ses menaces et fasse un boucan d'enfer pour garder son ami au pays. Même au sein du groupe de partisans, certains, tel Hamel, doutaient au début de la valeur de ses procédés. Quant à Gérard Filion, le directeur du *Devoir*, il blâmera en privé Rumilly pour avoir jeté cette bombe dans l'opinion publique. Il concédera cependant par la suite son efficacité.

Mais le 5 septembre, il était déjà trop tard: Ottawa ne pouvait plus reculer. Les autorités sauveront tout de même les meubles en fermant immédiatement les yeux sur les autres cas litigieux. Ces derniers, juxtaposés au cas du criminel de guerre Jacques de Bernonville (à plusieurs reprises condamné), bénéficiaient de la comparaison. Du moins, il devenait plus facile pour l'administration fédérale de se donner ainsi bonne conscience, elle qui devait à tout prix éviter de créer de front cinq ou six autres affaires semblables. Il n'y a donc pas eu d'affaire Montel, pas plus qu'il n'y a eu d'affaire Labedan, Boussat, Huc ou Seigneur. Ces derniers n'ont plus jamais été ennuyés et ont pu couler des jours paisibles en sol canadien. Au fil des ans, certains se sont bien établis au Canada tandis que d'autres ont repris la route de la France.

Pourquoi Camillien Houde et non Adrien Arcand, le fasciste canadien, comme porte-étendard de la cause? D'une part, Arcand est brûlé dans l'opinion publique après son internement dans un camp canadien durant la guerre. Camillien Houde pourtant a également subi le même sort. En fait, le fascisme d'Arcand, professé avant le conflit, ne correspond pas à la cause que l'on veut ici défendre. Bernonville, on l'a vu, n'incarne pas le nazisme aux yeux de ses défenseurs.

Pro et anti

Pour assurer le bon déroulement de cette affaire, le noyau dur des pétainistes québécois va s'allier avec des nationalistes très représentatifs, eux, de l'élite dite clérico-nationaliste. C'est de la jonction de ces deux mouvements que naît le Comité de défense des réfugiés politiques français. Parmi ces nationalistes, il y a de tout. On retrouve d'anciens membres du parti Action libérale nationale ayant passé par la suite au Bloc populaire. De ce dernier parti, on remarque un fort contingent de nouvelles figures. Enfin, les membres actifs de l'organisation pro-Bernonville bénéficient du concours d'autonomistes convaincus, membres ou députés du parti au pouvoir à Québec, l'Union nationale.

Ces nationalistes possèdent deux bonnes raisons de se joindre aux sympathisants de Bernonville. Pendant et après la guerre, ils ont constitué le groupe s'étant identifié le plus ardemment aux projets du Maréchal. Le pétainisme de bon aloi de la plupart, conjugué avec la tournure des thèmes à caractère plus canadiens-français à partir d'octobre 1948, les porte tout logiquement à offrir leur soutien.

Bien que bruyants, les nationalistes ne constituent peut-être pas, pour ce qui est des effectifs, le plus grand nombre. En revanche, leur influence, particulièrement dans les milieux politiques, culturels, sociaux et religieux, ainsi que le crédit que la presse leur accorde leur permettent d'invoquer un certain droit d'aînesse. Dans le contexte paternaliste qui subsiste encore à cette époque, ils se retrouvent aux gouvernes d'une opinion publique facilement mobilisable. Celle-ci croit voir dans les intérêts de son élite ses propres intérêts.

Bernonville a bénéficié de la sympathie de la majorité de la population canadienne-française quand, aux heures de crise, une partie de son élite demandait assistance. Est-ce à dire qu'on comptait au Québec trois millions et demi de pétainistes? Il est vrai que le Maréchal conservait encore la cote à cette époque. Pour plusieurs cependant, Pétain ne représentait rien de plus qu'un portrait béni par le curé et trônant dans le presbytère aux côtés de celui de Pie XII et peut-être même de De Gaulle. En tout cas, leurs sympathies pétainistes, passant à peine la rampe, demeuraient néanmoins suffisantes pour donner un peu d'oxygène à Bernonville dans la poursuite de son combat contre la décision des autorités fédérales. Un antisémitisme diffus et un anticommunisme de fonction contribuaient également à faire pencher la balance du côté de ce noble de France.

Et puis, ce genre de préalable ne constituait pas une obligation. Au sein de la population, des Canadiens français vont s'épancher sur le sort des présumés collaborateurs uniquement à cause du traitement fort complaisant de la presse à leur égard. Bref, au total, il s'agira d'une affaire d'élite n'équivalant en rien au mouvement contre la conscription durant la guerre.

Contre cette élite et la presse qui la soutient, va se lever une opposition énergique, mais semblant détenir peu de moyens et trouvant peu d'écho au sein de la population. Au Canada français, le mouvement de réaction anti-Bernonville (qui avait d'ailleurs pris parti, dès le début de la guerre, pour de Gaulle) gravite autour d'un journal, *Le Canada*. Le quotidien de Montréal est cependant marqué au fer par son appartenance au Parti libéral. Il en paiera le prix en paraissant peu crédible dans ses attaques contre Bernonville.

Toujours au Québec, les anciens résistants français et les militaires forment également une opposition logique à Bernonville. Dans leur chair est imprimée la différence entre collaborateurs et Alliés. Ces deux derniers groupes agiront plus en coulisse et se rapprocheront graduellement des parlementaires sympathiques à leur cause à Ottawa et de la presse anglophone plus accueillante envers eux. Les journaux de langue anglaise de la province et du reste du Canada n'accepteront jamais, il est vrai, l'histoire de Bernonville. À Montréal, *The Star*, *The Standard*, *The Herald* et *The Gazette* seront, de fait, imperméables à la campagne de désinformation. Enfin, il faut signaler une opposition silencieuse à

Bernonville en territoire québécois: celle de la communauté juive. Ses représentants, on l'a vu, se bornent à surveiller la situation et à exercer des pressions discrètes auprès des opposants reconnus.

L'épine dorsale de l'opposition à Bernonville va donc avoir pignon sur rue de l'autre côté de l'Outaouais. La CCF, la presse anglophone, des fonctionnaires, certaines organisations charitables et religieuses mèneront en effet la bataille au sein d'une population anglo-canadienne plutôt indifférente.

Les sourds volontaires

C'est à l'éditorialiste du *Devoir*, André Laurendeau, que revient le mérite d'avoir forgé cette expression dans son ouvrage sur la crise de la conscription. Elle est reprise ici, mais s'applique à un tout autre contexte. Expliquer sa signification revient à répondre à la question: Qui savait quoi à propos de Bernonville?

Dès le début, l'information en provenance de France sur le comte de Bernonville oblige à prendre position. Avant même qu'elle n'atteigne le Québec, Camillien Houde l'appréhende et l'attend de pied ferme. Il va même au-devant d'elle afin de donner le ton à la population. La campagne de désinformation est ainsi instituée afin de servir d'écran et de barricade. Elle vise à empêcher toute autre version d'atteindre et d'émouvoir l'opinion publique. Pour déformer ainsi la réalité face au public, Rumilly pressent bien la nécessité de l'engagement d'un personnage officiel comme le maire de Montréal. Il obtient de sa part un concours extrêmement précieux.

Arrivée enfin, l'information est aussitôt passée dans le tamis du propagandiste Rumilly et de ses alliés. Digérant cette masse d'informations, Rumilly ne lui laisse pas le temps de se déposer. Les dossiers du ministère de l'Intérieur, paraissant au début de septembre dans la presse canadienne-francaise, sont pourtant fort explicites. Le message et le messager doivent être dénigrés.

En quelques jours, l'opération réussit, et la presse catholique et nationaliste comprend où il faut se placer sur l'échiquier. Cette presse réussit à avaler cette opération de maquillage en diluant substantiellement son sens critique. Mais puisque des dignitaires tels que Houde se sont prononcés, celle-ci se rend avec plaisir à la vision proposée. Le sillon a d'ailleurs déjà été tracé par les combats antérieurs.

À partir de ce moment, les thèmes distillés se retrouvent dans le *Montréal-Matin* de Roger Duhamel ou encore dans *L'Action catholique* de Louis-Philippe Roy. Telles des batteries, on aligne une série d'arguments généralement puisés au même fond où s'alimente la presse de droite en France.

Ces idées sont fabriquées pour l'élite. Aussi bien ficelées, elles sont facilement reçues par ces gens bien disposés. Pour les nationalistes qui se joignent au Comité de défense, les crimes de ce collaborateur sont occultés ou amoindris par rapport à ce que Bernonville représente. L'ère n'est pas à la dénonciation des atrocités. L'horreur des tortures peut facilement, dans la culture de l'époque, être escamotée ou passée au second plan. Les questions relatives aux crimes de guerre ne constituent pas, en effet, dans le Québec d'après-guerre comme dans plusieurs autres sociétés, une préoccupation majeure. Et puis, les membres de cette élite se fient à une presse ne leur montrant qu'un seul côté de la médaille. Plusieurs sont bernés. D'autres se laissent berner.

Il n'y a pas, il est vrai, un flot d'informations incriminantes pour Bernonville. Le barrage d'une partie de la presse oblige d'ailleurs le peu d'information qui arrive à s'orienter soit vers les journaux depuis toujours adversaires des nationalistes, soit vers la presse de langue anglaise. Là, on publie notamment les fiches de la police française sur Bernonville.

Un consensus se crée alors assez facilement dans cette élite. Les membres de cette petite société apparaissent peu désireux de déranger et de risquer de se faire ostraciser.

Dans ces conditions, l'élite clérico-nationaliste forme un bloc et ne cherche pas à en savoir plus. Elle se satisfait, et plusieurs de ses membres se portent volontairement sourds. Il devient alors de bon ton, dans certaines familles, de se prononcer sur l'affaire Bernonville sans avoir lu les nouvelles.

L'information ne réussira pas, dans ce contexte, à ébranler cette élite, encore moins la population en général. D'autres pourtant agiront autrement. Immédiatement, par exemple, la presse libérale et la presse de langue anglaise trouvent qu'il y a anguille sous roche. Dégagée d'une quelconque sympathie envers Pétain, elle bénéficie du recul qui lui permet de s'apercevoir que le roi est nu. La francophobie de la presse anglophone n'a pas dans cette affaire l'importance que voudront y voir ses détracteurs. Encore qu'il faille ajouter que certaines lettres à l'éditeur associent parfois avec malveillance nationalisme et fascisme.

À nouveau les «deux solitudes»

La force du mouvement de sympathie envers Bernonville au Québec double d'ampleur au moment du dérapage de cette défense vers des causes dites nationalistes. André Laurendeau et Gérard Filion au *Devoir* façonnent notamment le virage.

Au début de l'affaire, Laurendeau, qui n'a pas encore réussi à se départir totalement de ses sympathies envers le Maréchal (ce qui n'exclut pas dans son cas une affinité analogue pour de Gaulle), prévient de son intention d'aborder toute cette histoire sous l'angle national. La barre semble cette fois-ci trop haute pour cet intellectuel sensible et intelligent, habitué, à la force du poignet, à se hisser au-dessus de sa culture et des idées reçues. Pire, il contribue avec d'autres, à la mi-octobre, à libérer les énergies nationalistes au profit de Bernonville. L'argumentation nationaliste ne prend pas le relais de la plaidoirie vichyste. Elle s'y juxtapose.

Pêle-mêle, des thèmes comme la déficience de la justice française ou la mainmise des communistes sur l'appareil étatique et judiciaire vont côtoyer les thèmes de la francophobie de la presse et de la bureaucratie anglophones et du contrôle de l'immigration française par la majorité anglo-saxonne.

La thèse nationaliste parmi l'élite trouvait preneur d'autant plus facilement que, du strict point de vue des thèmes et indépendamment de l'affaire, l'argumentation s'avérait effectivement fondée en ce qui concerne les questions d'immigration. Se retrouvant aux commandes de cette question explosive, les fonctionnaires de la majorité anglo-saxonne (les mêmes qui avaient décidé de la déportation de Bernonville) prêtaient ainsi le flanc à la critique.

Ce détournement de cause ne s'est pas fait sans cynisme. N'allant pas plus loin dans la remise en question d'un individu au passé tout de même louche, les organisations canadiennes-françaises vont se lancer à corps perdu dans ce qu'elles estimeront être une nouvelle affaire Riel. Pourtant, un lecteur le moindrement curieux et possédant une connaissance même rudimentaire de la langue anglaise aurait pu se rendre à quelques pas de chez lui et acheter une autre version de cette affaire. La crispation autour de thèmes leur rappelant leur condition de citoyens de seconde classe en a sans doute incité plus d'un à s'arrêter en chemin. À y regarder de près en tout cas, l'intention première de plusieurs organisations nationalistes semble avoir été d'engranger du capital au nom de l'identité.

Le long silence

L'affaire Bernonville éclate au moment où le souterrain québécois est ébranlé par des signes annonciateurs de rupture. Un mois avant l'explosion de l'affaire dans les médias paraît le manifeste *Refus global*. Sa publication semble prophétiser dans l'indifférence générale les bouleversements à venir. L'année suivante, une grève féroce, celle des travailleurs de l'amiante dans la ville minière d'Asbestos, mène à la même conclusion. En 1950, la création de la revue *Cité libre* interroge de façon critique le nationalisme traditionaliste. Enfin, la mort de Pétain en 1951 provoque un relâchement de la solidarité des Canadiens français envers les pétainistes nostalgiques de France face à une cause d'ordre avant tout idéologique en territoire québécois.

Le tapis sur lequel marche l'élite se défile peu après. Celle-ci se rend très vite compte de la mise en place d'une nouvelle ambiance culturelle et sociale, différente de celle lui ayant permis de justifier à ses propres yeux son attitude d'incrédulité envers le passé de Bernonville. Les résidus des années trente et quarante s'évaporent rapidement.

Devant cette nouvelle situation et devant l'apport d'informations incontestables sur le collaborationnisme de Bernonville, la réalité devient totalement insoutenable pour cette élite. Ses cadres, ses références l'abandonnent et la laissent à elle-même. Semblant sortir d'un mauvais rêve, certains commencent à se demander comment ils ont pu en arriver à appuyer un tel personnage. D'autres chercheront simplement à retourner leur veste. Le même processus marquera leurs sympathies envers Pétain. Le syndrome de Vichy au Québec s'amorce. L'occultation des sympathies envers Pétain et celui qui est perçu comme son fidèle se met en place.

L'historien Henry Rousso a suivi pas à pas et avec brio l'histoire de la résorption des années d'Occupation dans la France d'après-guerre. Son livre, *Le syndrome de Vichy*, lève le voile sur cet intéressant phénomène[3]. Rousso y examine comment la mémoire collective a dû composer, de 1944 à nos jours, avec les souvenirs douloureux associés à la période 1940-1944, époque où avait pris place en zone sud le régime de Vichy. Il y retrace les deuils inachevés, les refoulements, les silences... Dans une tout autre mesure, ce syndrome de Vichy peut également s'appliquer au Québec.

Aussitôt après le départ de Bernonville, l'affaire sombre. Personne n'ose plus en parler. L'ambassadeur de France déploie, à l'automne de 1951, ses talents de diplomate afin de justifier l'engagement pris par les cousins dans cette histoire. Plusieurs de ceux-ci, dit-il (et il s'agit d'une hypothèse parmi tant d'autres), se sont enfermés dans leur soutien, se rendant compte en cours de route, mais trop tard, de l'improbabilité de la version de Bernonville. Même cette ouverture d'explication ne délie plus les langues. On préfère se taire.

L'éclatement du mouvement d'appui à Pétain et à Bernonville s'engloutira dans la mémoire collective. Le grand balayage annoncé au début des années soixante par la Révolution tranquille fera le reste. L'amnésie et le silence complice permettront de banaliser l'affaire Ber-

3. Henry Rousso, L*e syndrome de Vichy de 1944 à nos jours*, Paris, Seuil, 1987.

nonville au point qu'elle ne refera plus surface nulle part, même dans les mémoires politiques d'hommes comme René Chaloult.

Quant à l'appui à Pétain, le chanoine Lionel Groulx n'en fera même pas mention dans ses imposants mémoires, parus au début de la décennie 1970, mais dont la rédaction a été amorcée au cours des années cinquante. Pour sa part, et on l'a vu dans le chapitre consacré au Québec de Pétain, André Laurendeau, dans son ouvrage sur la crise de la conscription, récrit à sa manière, et avec un regard qui a pris vingt ans de recul, l'histoire de ce soutien.

Il ne faudrait pas se hâter de désamorcer la charge dramatique que renferme une telle histoire. Cet épisode peut servir, au contraire, de stimulant à la recherche historiographique afin de mieux comprendre d'autres pans de l'histoire du Québec, refoulés par la mémoire collective. L'affaire Bernonville doit également se mesurer, dans des études comparatives à venir, à l'accueil fait, par exemple, par les communautés italiennes ou ukrainiennes du Canada à certains des leurs, soupçonnés de crimes de guerre ou de collaboration. Il s'agit là de perspectives de recherche passionnantes.

Chronologie

23 octobre 1897
Naissance à Fort-de-France (Martinique) de Robert Rumilly.

20 décembre 1897
Naissance à Paris de Jacques Dugé de Bernonville.

1928
Robert Rumilly quitte la France pour le Canada.

10 septembre 1939
Le Canada déclare à son tour la guerre à l'Allemagne.

1940

Mai

La police arrête les principaux fascistes canadiens dont Adrien Arcand, qui sera interné de 1940 à 1945.

18 juin
Appel du général de Gaulle sur les ondes de la BBC.

10 juillet
L'Assemblée nationale de Vichy donne tous les pouvoirs au gouvernement Pétain. Ce dernier devient «chef de l'État» le 11 juillet.

1er août
Appel du général de Gaulle aux Canadiens français.

1942

27 avril
Plébiscite: le Québec refuse à 71,2 % de libérer le gouvernement fédéral de promesses touchant le service militaire. Les huit autres provinces y sont favorables à 80 %.

18-19 août
Les Canadiens français participent au raid désastreux de Dieppe.

Octobre
La Ligue pour la défense du Canada, hostile à la guerre, prend forme politique et devient le Bloc populaire canadien.

27 novembre
Occupation de Toulon. La flotte française se saborde.

1943

31 janvier
La Légion du service d'ordre légionnaire (SOL) se transforme en la Milice.

Automne
Bernonville prête serment à Hitler et figure sur le registre de paie des Allemands.

1944

Janvier
Darnand est nommé au Maintien de l'Ordre à Vichy.

26 mars
Les Allemands, appuyés par certaines unités de la Milice, attaquent les 465 maquisards du plateau des Glières.

15 avril
La Milice, sous le commandement de Dagostini et de Bernonville, entame des opérations de répression dans le Vercors.

28 avril
Pétain déclare que les résistants compromettent l'avenir du pays.

Mai et juin
Opérations répressives de Bernonville en Saône-et-Loire.

6 juin
Débarquement des Alliés en Normandie.

29 juin
Assassinat à Rillieux-la-Pape, près de Lyon, de sept personnes d'origine juive par les hommes de Paul Touvier.

11-13 juillet
Visite du chef des Français libres, le général de Gaulle, au Québec.

20-21 juillet
L'armée allemande écrase les maquisards du Vercors.

5 août
Pétain condamne solennellement l'action de la Milice.

20 août
Bernonville fuit vers l'Allemagne en compagnie de hauts dirigeants nazis.

25 août
De Gaulle entre à Paris.

Automne
Bernonville est parachuté derrière les lignes alliées en France pour sabotage pour le compte de l'Axe.

1945

Fin avril
René Lévesque, correspondant de guerre avec la 7e armée du général américain Patch, figure parmi les premiers à entrer au camp de Dachau.

Novembre
Internement du Maréchal à l'île d'Yeu.

1946

14 juin
Le milicien Jean Louis Huc débarque à Sorel, avec un faux passeport.

13 juillet
Julien Labedan quitte la France pour le Canada.

Septembre
Arrivée au Canada de Georges Montel.

Novembre
Arrivée de Jacques de Bernonville au Canada, par train, en provenance de New York.

1947

8 octobre
La cour de justice de Toulouse condamne à la peine de mort Jacques Dugé de Bernonville.

Mi-décembre
Bernonville est reconnu et photographié à Granby.

1948

Mi-janvier
Bernonville et sa famille se présentent aux bureaux de l'Immigration à Montréal pour faire une demande de permis de résidence permanente.

21 janvier
Inauguration du fleurdelisé comme drapeau officiel du Québec.

Février
Montel reçoit un ordre d'expulsion des autorités canadiennes de l'Immigration.

Mai
L'arrêté d'expulsion de Montel est suspendu.

Août
Publication du manifeste *Refus global*.

2 septembre
Bernonville et sa famille sont incarcérés aux bureaux de l'Immigration à Montréal.

3 septembre
Houde intervient et communique avec la presse pour sauver Bernonville.

10 septembre
Formation à Montréal du Comité pour la défense des réfugiés politiques français.

22 septembre
Arrêté ministériel autorisant le séjour au Canada des quatre Français. Bernonville n'est pas inclus dans le groupe.

15 octobre
La présence de quatre autres collaborateurs français est rendue publique grâce aux journaux.

1949

21 février
Jugement Cousineau recommandant aux autorités fédérales le séjour de Bernonville au Canada.

Le fédéral ordonne aux autorités de l'Immigration de constituer un second conseil d'enquête chargé de réexaminer le dossier Bernonville.

Juillet
Fin de la grève de l'amiante.

1950

16 février
Nouvel ordre d'expulsion et de déportation visant Bernonville.

17 avril
D'importantes personnalités canadiennes-françaises signent une pétition en faveur de Bernonville.

1951

5 janvier
Loi d'amnistie en France.

23 juillet
Mort du maréchal Pétain, à l'âge de 95 ans.

17 août 1951
Bernonville part précipitamment pour le Brésil.

1952-1994

1952
Les autorités françaises demandent au Brésil l'extradition de Jacques de Bernonville.

Octobre 1956
La Cour suprême fédérale du Brésil rejette une requête de l'ambassade française au Brésil pour l'extradition de Bernonville.

23 novembre 1971
Le président français Georges Pompidou gracie Paul Touvier.

27 avril 1972
Assassinat au Brésil de Jacques de Bernonville.

8 mars 1983
Décès de Robert Rumilly, âgé de 85 ans.

4 juillet 1987
Klaus Barbie est condamné à la réclusion perpétuelle.

20 avril 1994
Paul Touvier est condamné à la réclusion criminelle à perpétuité pour complicité de crime contre l'humanité.

Bibliographie

ARCHIVES ET DOCUMENTS

1. Fonds Rumilly

Les documents essentiels sur l'affaire Bernonville font partie des papiers Robert Rumilly. Ce fonds a été déposé en deux versements aux Archives nationales du Québec à Montréal. Le dernier et le plus important a eu lieu en février 1992. Les 38 boîtes constituant ce fonds n'ont pas encore fait l'objet d'un répertoire précis. Regroupés principalement dans 6 boîtes, les documents ayant trait à l'affaire Bernonville forment un corpus de 1220 pièces.

L'intérêt de ce fonds réside avant tout dans sa richesse. Rumilly ne jetait aucune lettre reçue et les consignait déjà à l'histoire sans en avertir ses correspondants. Parfois, il allait jusqu'à faire taper les lettres manuscrites qu'il avait. L'historien avait également pour habitude de toujours conserver une, voire plusieurs copies de ses propres lettres. Enfin, il s'est fait un devoir, en ce qui concerne l'affaire Bernonville, d'accumuler tout document et toute correspondance émis par les protagonistes de cet épisode. Le fonds est également riche en coupures de presse relatant les démêlés de Bernonville au Canada.

2. Fonds Louis Saint-Laurent

La correspondance envoyée au premier ministre Louis Saint-Laurent concernant l'affaire Bernonville a été déposée à l'intérieur du Fonds Louis Saint-Laurent aux Archives nationales du Canada à Ottawa. Ces documents lèvent le voile sur la réelle connaissance que possédait Saint-Laurent des antécédents du comte de Bernonville. Ils révèlent aussi le souci principal du premier ministre dans cette affaire: celui d'éviter les remous sur le plan de la politique intérieure.

3. Fonds Bernonville

Toujours aux Archives nationales du Canada à Ottawa, on retrouve un dossier de 500 pages environ établi sur Jacques de Bernonville. Il s'agit principalement de photocopies liées aux enquêtes effectuées par les fonctionnaires de l'Immigration afin de mettre au jour le véritable passé de l'ancien chef milicien. Les pièces, dont plusieurs passages sont largement censurés, indiquent clairement que les fonctionnaires ont été rapidement mis au fait du passé collaborationniste de Bernonville.

4. Archives du Congrès juif canadien

Une trentaine de documents relatifs à l'affaire Bernonville sont conservés aux Archives du Congrès juif canadien à Montréal. Particulièrement intéressant est le regard extérieur posé par les représentants de cette communauté sur la presse canadienne-française de l'époque. Par ailleurs, la correspondance échangée avec le Conseil représentatif des Juifs de France laisse deviner chez leurs coreligionnaires d'outre-mer une réprobation encore plus tranchante face à l'attitude des Canadiens français.

5. Centre de recherche Simon-Wiesenthal

À Toronto, Sol Littman du Centre de recherche Simon-Wiesenthal sur les criminels de guerre a établi un dossier fort exhaustif sur Jacques de Bernonville. Toujours à Toronto on trouve d'intéressants documents transmis par les anciens résistants français sur le passé du chef de la Milice.

6. Archives du ministère des Affaires étrangères de France

Certains membres du corps diplomatique français à Ottawa et Montréal ont joué un rôle important dans l'affaire Bernonville. Cependant, ni l'ambassade à Ottawa ni le consulat à Montréal ne possèdent des archives à ce sujet. S'il existe un dossier sur Jacques de Bernonville au ministère des Affaires étrangères de France, il doit en principe, nous fait-on savoir, devenir accessible uniquement 100 ans après la clôture du dossier d'extradition.

BIBLIOGRAPHIE SOMMAIRE

A. Période française

ARON, R., *Histoire de la libération de la France, juin 1944-mai 1945*, Ottawa, Cercle du livre de France, 1959.

ARON, R., *Histoire de l'épuration*, Paris, Fayard, t. I, 1967.

ARZALIER, F., *Les perdants; la dérive fasciste des mouvements autonomistes et indépendantistes au XXe siècle*, Paris, La Découverte, 1990.

AZÉMA, J.-P., *De Munich à la Libération*, Paris, Seuil, 1979.

AZÉMA, J.-P. et F. BÉDARIDA, *Vichy et les Français*, Paris, Fayard, 1992.

BAYAC, J. Delperrié de, *Histoire de la Milice (1918-1945)*, Paris, Fayard, 1969. [Réédité chez Fayard, 1994].

BERNADAC, C., *«Dagore», les carnets secrets de la Cagoule*, Éditions France-Empire, 1977.

DELARUE, J., *Histoire de la Gestapo*, Paris, Fayard, 1970.

FERRO, M., *Questions sur la IIe Guerre mondiale*, Firenze, Casterman/Giunti, 1993.

FERRO, M., *Pétain*, Paris, Fayard, 1987.

HOOVER INSTITUTION ON WAR, REVOLUTION AND PEACE, *France during the German Occupation*, Standford (Californie), t. I, 1958.

KASPI, A., *Les Juifs pendant l'Occupation*, Paris, Seuil, 1991.

LACOUTURE, J., *De Gaulle*, Paris, Seuil, 3 vol., 1983-1986.

LOTTMAN, H., *L'épuration*, Paris, Fayard/Seuil, 1986.

MILZA, P., *Fascisme français. Passé et présent*, Paris, Flammarion, 1987.

MILZA, P. et S. BERSTEIN, *Dictionnaire historique des fascismes et du nazisme*, Bruxelles, Éditions Complexe, 1992.

NOGUÈRES, H., *Histoire de la Résistance en France*, Paris, Robert Laffont, vol. III, 1972.

ORY, P., *Les collaborateurs, 1940-1945*, Paris, Seuil, 1977.

PARIS, E., *L'affaire Barbie: analyse d'un mal français*, Paris, Ramsay, 1985.

PAXTON, R. O., *La France de Vichy, 1940-1944*, Paris, Seuil, 1973.

RÉMOND, R., (dir.), *Paul Touvier et l'Église*, Paris, Fayard, 1992.

ROUSSO, H., *Pétain et la fin de la collaboration*, Bruxelles, Éditions Complexe, MA Éditions, 1984.

ROUSSO, H., *La collaboration*, Paris, MA Éditions, 1987.

ROUSSO, H., *Le syndrome de Vichy de 1944 à nos jours*, Paris, Seuil, 1987.

B. Période québécoise

ABELLA, I. et H. TROPER, *None is too many*, Toronto, Lester and Orpen Dennys, 1983.

ANCTIL, P., *«Le Devoir», les Juifs et l'immigration. De Bourassa à Laurendeau*, Québec, Institut québécois de recherche sur la culture, 1988.

ANCTIL, P. et G. CALDWELL, *Juifs et réalités juives au Québec*, Québec, Institut québécois de recherche sur la culture, 1984.

BEAULIEU, A., J. HAMELIN, *et al.*, *La presse québécoise des origines à nos jours*, Sainte-Foy, Presses de l'Université Laval, t. IV à VII, 1979-1985.

BLACK, C., *Duplessis*, Montréal, Éditions de l'Homme, t. I et II, 1977.

CHALOULT, R. *Mémoires politiques*, Montréal, Fides, 1969.

COMEAU, P.-A., *Le Bloc populaire, 1942-1948*, Montréal, Québec/Amérique, 1982.

COMEAU, R. et L. BEAUDRY, *André Laurendeau, un intellectuel d'ici*, Sillery, Presses de l'Université du Québec, 1990.

COMMISSION DESCHÊNES, *Rapport de la Commission d'enquête sur les crimes de guerre*, Ottawa, Approvisionnements et Services Canada, 1986.

DELISLE, E., *Le traître et le Juif*, Outremont, L'Étincelle éditeur, 1992.

DION, L., *Québec 1945-2000*, t. 2: *Les intellectuels et le temps de Duplessis*, Sainte-Foy, Presses de l'Université Laval, 1993.

GOUGEON, G., *Histoire du nationalisme québécois*, Montréal, VLB éditeur/SRC, 1993.

GROULX, L., *Mes mémoires*, Montréal, Fides, t. I à IV, 1972-1974.

LAURENDEAU, A., *La crise de la conscription, 1942*, Montréal, Éditions du Jour, 1962.

LINTEAU, P.-A *et al.*, *Histoire du Québec contemporain*, t. II: *Le Québec depuis 1930*, Montréal, Boréal, 1986.

LITTMAN, S., *War Criminal on Trial: The Rauca Case*, Toronto, Lester and Orpen Dennys, 1983.

MALAVOY, A., *La mort attendra*, Montréal, Éditions de l'Homme, 1961.

MIRIBEL, É. de, *La liberté souffre violence*, Paris, Plon, 1981.

MONIÈRE, D., *André Laurendeau et le destin d'un peuple*, Montréal, Québec/Amérique, 1983.

PICKERSGILL, J. W., *Louis Saint-Laurent*, Outremont, Lidec, 1983.

PROVENCHER, J., *Chronologie du Québec*, Montréal, Boréal, 1991.

RUMILLY, R., *Histoire de la Société Saint-Jean-Baptiste de Montréal*, Montréal, L'Aurore, 1975.

THOMSON, D.-C., *De Gaulle et le Québec*, Saint-Laurent, Éditions du Trécarré, 1990.

TRUDEL, M., *Mémoires d'un autre siècle*, Montréal, Boréal, 1987.

WADE, M., *Les Canadiens français de 1760 à nos jours*, Ottawa, Cercle du livre de France, t. II, 1963.

Index

Table

CONCLUSION
Le syndrome de Vichy au Québec

940.54 FR.18,838
D866l LAVERTU, YVES
L'AFFAIRE BERNONVILLE
19,50$

PAR ... ES

IMPRIMÉ AU QUÉBEC (CANADA)